Karin Wemhöner

Glücksorte in Mönchengladbach

Fahr hin & werd glücklich

D

Dieses

Glücksbuch

ist für

Liebe Glücksuchende,

wie oft ist man geneigt, sein Glück weit weg von zu Hause zu suchen und deshalb möglichst weit weg zu fahren? Dabei müsste man es eigentlich besser wissen, heißt es doch schon in einer alten Redensart: „Warum in die Ferne schweifen, wenn das Gute liegt so nah?!"

Mir als Autorin haben die Glücksorte in Mönchengladbach gezeigt, dass es sich immer lohnt, auch die Orte neu zu entdecken, die man schon zu kennen glaubte. Daher mein Tipp: Auch Besucher aus der näheren Umgebung sollten unbedingt noch einmal einen Ausflug nach Mönchengladbach einplanen.

Wie viel Grün diese Stadt zu bieten hat! Wer sich hier an der frischen Luft und inmitten der Natur erholen möchte, der hat in zahlreichen wunderbaren Parks und Grünanlagen die Möglichkeit dazu. Außerdem laden in und um Mönchengladbach viele kleine und charmante „Glücksorte" dazu ein, den eigenen Lieblingsplatz zu suchen und zu finden. Dabei trifft Vergangenheit auf Moderne, Tradition auf Kreativität und Ursprünglichkeit auf Extravaganz. Genau dieser spezielle Mix ist es, der die Stadt so anziehend macht.

Selbstverständlich ist „Glück" sehr subjektiv, aber so viel ist klar: Mönchengladbach ist voller „Glücksorte", die Besucher und Einheimische zum (Wieder-)Entdecken und Erleben anregen. Oder, um es mit anderen Worten zu sagen, Mönchengladbach ist eine Reise wert!

Ihre Karin Wemhöner

Deine Glücksorte …

... noch mehr Glück für dich

Grünes Herz

1 Spaziergang durch den Bunten Garten

Rund drei Hektar groß ist die grüne Lunge Mönchengladbachs, die vom Kaiserpark bis zum Hauptfriedhof reicht und dazu noch den Botanischen Garten umfasst. 1400 Arten Laubgehölze, 800 verschiedene Nadelgehölze, 600 Rhododendren- und Azaleensorten sowie über 1000 Staudenvarianten präsentieren hier ihre Pracht dem staunenden Besucher. Und wurden so ausgesucht, dass sie das gesamte Jahr über eine wunderbare Einheit bilden, die bei einem gemächlichen Spaziergang immer wieder Glücksgefühle hervorruft, wie man sie nur in der Natur erleben kann.

Das Herzstück des Bunten Gartens – der Kaiserpark – wurde bereits 1890 angelegt. So hatten Blutbuchen und Eichen die Chance, in Ruhe zu wachsen, und beeindrucken heute nach über 130 Jahren durch Größe und Umfang.

Der angegliederte Botanische Garten dagegen besticht mit atemberaubend farbintensiven Rhododendren und Azaleen sowie durch eine Vielfalt von Themengärten: Ob Apothekergarten, Küchen- oder Ilexgarten – ein Besuch lohnt sich immer! Und dann wäre da noch der alte Küstenmammutbaum – auch bekannt als Redwood: spektakulär!

Wer mehr als „nur“ Natur sucht, wird ebenfalls fündig, denn im Bunten Garten trifft man immer wieder auf Kunstwerke. Stelen, Tierskulpturen, französische Mühlsteine oder Figuren wie „Der Sonnensucher“ verfügen in Verbindung mit dem Grün des Parks über eine ganz andere Ausstrahlung als in einem Museum. Eine wunderbare Art, Kunst und Kultur für jeden erleb- und fühlbar zu machen. Hier sollte man sich Zeit nehmen, immer neue Sichtachsen auszuprobieren und einfach mal nur dem nachzuspüren, was man selber fühlt.

Damit es auch Kindern und Familien nicht langweilig wird, warten außerdem ein Kinderspielplatz, Vogelvolieren und eine Minigolfanlage auf Besucher. Wege für Jogger und Nordic-Walker vervollständigen das umfangreiche Freizeitangebot in der Natur. Perfekt für das kleine Glück „zwischendurch“.

● Bunter Garten, Bettrather Straße 82, 41063 Mönchengladbach
www.buntergarten.de
● ÖPNV: Bus 009, Haltestelle Hagelkreuzstraße; Bus 001, 015, Haltestelle Kaiser-Friedrich-Halle; Bus 015, Haltestelle Bunter Garten

Renaissance in Bestform

2 Viel zu entdecken am Schloss Rheydt

Weit über die Stadtgrenzen Mönchengladbachs hinaus bekannt ist das Schloss Rheydt. Erbaut wurde es in seiner heutigen beeindruckenden Form zwischen 1558 und 1591 durch Maximilian von Pasqualini. Die Ursprünge des Wasserschlosses sollen sogar bis ins Jahr 1060 zurückreichen. Damals hätte man sich wahrscheinlich nicht vorstellen können, wie es heute einmal aussehen würde.

Das Schloss, die Vorburg sowie die oberirdischen und unterirdischen Kasematten ermöglichen einen interessanten Rundgang durch die damalige Zeit. Im angeschlossenen Museum ist außerdem ein sehenswertes Sammelsurium zu bestaunen: Neben kostbaren Dürer-Werken gibt es Spielutensilien aus dem 16. Jahrhundert, wissenschaftliche Geräte und Zeugnisse der Goldschmiedekunst.

Wer hat schon mal einen kunstvollen Kokosnusspokal bewundern können? Was im ersten Moment etwas skurril anmutet, hat tatsächlich einen für die damalige Zeit ernsthaften Hintergrund: Im 16. Jahrhundert wurde Gefäßen aus Kokosnuss nachgesagt, sie könnten Gifte anzeigen und damit vor bösen Überraschungen schützen. Angeblich sollten die Nüsse bei giftigem Inhalt zerspringen, oder vergiftete Getränke würden aufschäumen. Ein unschätzbarer Vorteil gegen unbeliebte Zeitgenossen.

Echte Highlights sind jedoch die Events und Konzerte, die mehrmals jährlich im Schloss und im angeschlossenen Park stattfinden: Ob Sommer-Musikfestival, Töpfermarkt oder ausgefallenes Kunstevent nach Feierabend – Schloss Rheydt bietet ein lebendiges Kulturleben für jeden Geschmack. Und lädt ein, immer mal wieder für einige Stunden dem grauen Alltag zu entfliehen. An einem lauen Sommerabend klassischer Musik oder Popmusikklängen vor der Kulisse des Schlosses zu lauschen – grandios. Zur Abrundung eines Schlosskonzerts trägt auch ein Besuch im Restaurant Purino bei. In dessen Außenbereich kann man dann bei einem leckeren Essen auch noch stilvoll einen letzten Blick auf den Schlosspark genießen. Herrlich!

- Schloss Rheydt, Schlossstraße 508, 41238 Mönchengladbach, Tel. (0 21 66) 9 28 90–0, www.schlossrheydt.de
- ÖPNV: Bus 016, Haltestelle Schloss Rheydt

Hollywood zum Greifen nah

3 Ein Ausflug zu den Stars of the Galaxy

Einmal nach den Sternen greifen und einen in Karbonit eingefrorenen Han Solo, den legendären C-3PO sowie einen 3,20 Meter langen Sternenzerstörer hautnah erleben – welches Kind und welcher Film-Fan träumt nicht davon?

In der Ausstellung „Stars of the Galaxy" wird dieser Traum Wirklichkeit. Und nicht nur das, denn die Stars of the Galaxy haben noch mehr zu bieten: Auf 800 Quadratmetern kann man lebensgroße Figuren von Lara Croft, Spiderman und Darth Maul ebenso bewundern wie Lego Modelle, Laserschwerter und Originalkostüme. Hier gehen wirklich Träume in Erfüllung, und selbst beim zweiten oder dritten Besuch kann man immer wieder Neues ausmachen!

Nachgebaute Filmszenen und Filmrequisiten wurden hier in einem ehemaligen Schwimmbad mit viel Liebe und Herzblut aufgebaut und lassen jeden Besucher in völlig fremde Welten eintauchen. Da will man gar nicht mehr zurück in die eigene Realität! Ein absoluter Glücksort und erstaunlicherweise noch immer ein Geheimtipp. Aber wer rechnet auch schon damit, ausgerechnet in Mönchengladbach seine Kindheitsträume verwirklichen zu können?!

Apropos Kindheitstraum: Wer seinem Sprössling (und damit ja vielleicht auch sich selbst) einen galaktischen Kindergeburtstag als Jedi oder Sith in passender Umgebung ermöglichen möchte, dem bietet sich hier die Gelegenheit. Nach vorheriger Absprache lässt sich sogar ein Laserschwertkampf zum Mitmachen realisieren.

Oder wie wäre es mit einem Superhelden-Geburtstag? Inklusive Superheldenpass, selbst gebastelten Masken und einer Schnitzeljagd durch die Ausstellung? Ein unvergessliches Event für alle Beteiligten, denn nicht nur Kinder werden der Atmosphäre dieses speziellen Glücksorts erliegen.

Man kann das Stars-of-the-Galaxy-Feeling sogar mieten und für einen Geburtstag lebensgroße Figuren, Fahrzeuge oder auch ein Raumschiff ausleihen. So holt man sich den galaktischen Glücksort sogar nach Hause.

- Stars of the Galaxy, Berliner Platz 10, 41061 Mönchengladbach, Tel. (0 21 61) 4 06 37 90, www.starsofthegalaxy.de
- ÖPNV: Bus 015, 017, 025, Haltestelle Friedrichstaße; Bus 002, 009, 097, Haltestelle Fliethstraße

STAR WARS
ROYAL SELANGOR

Die Legende lebt

4 Hugo Junkers Hangar – auf den Spuren der Tante JU

Dass eine alte Dame so viele Bewunderer hat wie die JU 52 kommt nicht oft vor. Ist in diesem Fall aber kein Wunder, denn Flugverrückte sehen in diesem legendären Flugzeug aus den 30er-Jahren mehr als nur ein altes Flugzeug. Bekannt war es seit seinem Jungfernflug im Jahr 1930 als absoluter Alleskönner, und es wurde zu einem der berühmtesten Flugzeuge der Luftfahrtgeschichte in Ostdeutschland.
Eines der noch sieben flugfähigen Exemplare auf der Welt hat seine Heimat im Hugo Junkers Hangar in Mönchengladbach gefunden und wird dort – seinem Ruf entsprechend – gekonnt in Szene gesetzt. Wer das alte Schätzchen also gerne mal mit eigenen Augen aus der Nähe betrachten möchte, der hat außerdem noch die Möglichkeit, sich über seine Geschichte zu informieren: Eine kleine Ausstellung zum „Vater" der Tante JU rundet den Besuch ab.
Zusätzlich interessant wird es aber im Sommer: Jeden letzten Sonntag findet monatlich von Mai bis September im und um den Hangar herum der „Oldtimer Fly & Drive-in" statt. Dann treffen sich die Fans und Freunde historischer Fahr- und Flugzeuge mit größter Freude zum Fachsimpeln, Staunen und Bewundern. Auch zeigen sich immer wieder ausgefallene Raritäten, die für willkommene Überraschungen sorgen. Ausgesprochen beliebt sind die Mitflüge in historischen Maschinen, die regelmäßig angeboten werden. Teilnahme und Besuch bei diesen Treffen sind kostenlos, sodass jeder, der will, die Möglichkeit hat, die alten Modelle in aller Ruhe zu bewundern.
Und wer für seinen runden Geburtstag, seine Hochzeit oder ein anderes Event noch die richtige Location sucht, ist beim Hugo Junkers Hangar ebenfalls richtig: Denn es werden Räume nicht nur für Tagungen, sondern auch für private Feiern angeboten. Was für ein toller Rahmen für flugbegeisterte Geburtstagskinder, Jubilare und mehr!

● Hugo Junkers Hangar, Flughafenstraße 101, 4166 Mönchengladbach, Tel. (0 21 61) 46 34 63, www.hugo-junkers-hangar.de
● ÖPNV: Bus 025, Haltestelle Flughafen Terminal

Balsam für die Seele

5

Wandern im Hardter Wald

Was wünscht sich ein gestresster Städter am meisten? Richtig – Ruhe, am liebsten in grüner Umgebung! Vor allem im dicht besiedelten Bundesland Nordrhein-Westfalen gestaltet es sich aber manchmal schwierig, ursprüngliche Natur zu finden. Auf der Suche nach Wäldern, Seenlandschaften und Wiesen muss man deshalb meistens eine längere Anfahrt in Kauf nehmen. Nicht so in Mönchengladbach: Wer sich nach ursprünglicher Natur sehnt, findet im Hardter Wald, der zum Naturpark Schwalm-Nette gehört, nämlich alles, was er braucht.

Für naturbegeisterte Spaziergänger, Wanderer und Radfahrer bietet er eines im Überfluss – eine grüne Umgebung in allen Variationen. Denn mit 450 Hektar ist er das größte zusammenhängende Waldgebiet der Stadt Mönchengladbach und grenzt unmittelbar an die Gemeinde Schwalmtal. Noch vor etwa 200 Jahren stieß man in diesem Gebiet allerdings nicht auf abwechslungsreichen Mischwald mit Laub- und Nadelbäumen, sondern stattdessen auf eine Heidelandschaft mit niedrig wachsenden Büschen. Erst nach 1800 wurde das Gebiet zur holzwirtschaftlichen Nutzung mit Kiefern und später mit Buchen und Eichen aufgeforstet. Bis heute sind jedoch kleinere Heideflächen erhalten geblieben, die man bei einer Wanderung immer wieder zwischen den heutigen Waldgebieten erkennen kann.

TIPP

Ein Walderlebnispfad klärt mit Info-Tafeln über Flora und Fauna auf.

Ein guter Ausgangspunkt für solch eine Tour ist der ausgewiesene Wanderparkplatz an der Brahmsstraße. Von dort führt ein asphaltierter Rundweg quer durch das Waldgebiet. Auf dessen Route kann man viel entdecken, denn er verläuft vorbei an der Bodensenke namens „Hexenkull", die ehemals als Viehtränke diente, und an keltischen Hügelgräbern aus der Bronze- und älteren Eisenzeit, deren geschätztes Alter zwischen 2000 und 2700 Jahren liegt. An der Straße „Am Kirschbaum" endet der Rundweg und man ist wieder zurück Richtung Alltag. Allerdings gestärkt an Körper und Geist, denn solch eine Wanderung ist nicht nur gut für die Kondition, sondern auch für die Seele.

- Hardter Wald, Wanderparkplatz Brahmsstraße oder Wanderparkplatz Am Kirschbaum, 41169 Mönchengladbach
- ÖPNV: Bus 026, Haltestelle Am Kirschbaum

Vorsicht Suchtgefahr

6 Kalter Genuss bei den Eisdealern

Dass man richtig gutes, von Hand gemachtes Eis in Mönchengladbach genießen kann, davon können sich Eisliebhaber und solche, die es erst noch werden wollen, seit 2018 überzeugen. Denn in diesem Jahr starteten die Eisdealer ganz legal ihren schwungvollen Handel mit der gefrorenen Süßspeise. Und die verfügt über eine gehörige Portion Suchtpotenzial.

Dafür wurden die Eisdealer im Jahr 2019 auch prompt von den Lesern eines Onlinemagazins zur beliebtesten Eisdiele in NRW gewählt. Ob Crunchy Caramel, Salted Triple Almond oder herkömmliches Erdbeereis – hier zerschmilzt das Glück wortwörtlich auf der Zunge.

Kein Wunder. Schließlich wird die Eiscreme noch mit frischer Milch, Sahne, Früchten, Schokolade und allem anderen, was in ein natürliches Eis gehört, hergestellt. Sogar die Waffelhörnchen werden vor den Augen der Eis-Süchtigen selbst und frisch gebacken. Farbstoffe, Aromen, Geschmacksverstärker, Emulgatoren und Co. sucht man in den leckeren Suchtmachern vergebens – sie sind für die Eisdealer ein Fremdwort. An laktoseintolerante Menschen und Veganer wurde ebenfalls gedacht: Etwa die Hälfte des täglich wechselnden Sortiments wird auch ihnen schmecken. Und das Beste: Diese kleinen Glücksmomente sind jederzeit und beliebig oft wiederholbar!

Die Begeisterung für das eiskalte Glück wurde Inhaber Michael Bahrke quasi in die Wiege gelegt und war der Grund, warum er sich schon früh auf die europaweite Suche nach den besten und leckersten Eissorten begab. Walderdbeereis aus Krakow, Schokomousse-Bacon aus dem italienischen Lucca oder Lakritzeis aus Kopenhagen – bei den Eisdealern weiß man um die Vielfalt von Eiscreme.

Übrigens – wer nach den leckeren Eiskreationen lechzt, aber nicht aus dem Haus gehen mag, kann sich an einigen Tagen die kalten Köstlichkeiten in MG auch in ausgewählte Liefergebiete bringen lassen. Am besten auf der Homepage informieren.

● Die Eisdealer, Albertusstraße 26, 41061 Mönchengladbach, Tel. (01 78) 1 40 79 12
www.dieeisdealer.de

● ÖPNV: Bus 003, 007, 008, 009, 010, 013, Haltestelle Galeria Kaufhof

Kultur ganz nebenbei

7 Kunst per pedes – die Skulpturenmeile

Spazierengehen versetzt den menschlichen Geist in einen entspannten Zustand, in dem er ausgesprochen aufnahmebereit ist. Warum also nicht einmal einen Spaziergang und Kunst miteinander verbinden?
In Mönchengladbach wurde zur EUROGA 2002plus die Idee geboren, sich in der freien Natur Kunst einfach zu erwandern. Die insgesamt fünf Kilometer lange Skulpturenmeile führt vom Geroweiher über öffentliche Plätze, durch Parklandschaften und Innenhöfe wieder zurück zum Geropark und präsentiert rund 30 Skulpturen.
Kunstwerke mit Namen wie „Die Frau“ des bekannten Künstlers Georg Ettl, „Jugend und Alter“ des Bildhauers Hein Minkenberg und die „Schwebende Pyramide“ von Günther Zins aus Aluminiumrohren und Edelstahlseilen sind hier den Witterungseinflüssen der Natur ausgesetzt, harmonieren mit ihr oder bilden einen spannenden Kontrast. Am besten nimmt man sich einige Minuten Zeit für die sehr unterschiedlichen Kunstwerke, um sie nachdrücklich und aus unterschiedlichen Perspektiven auf sich wirken zu lassen. So entdeckt man immer neue Zugangsmöglichkeiten.
Außerdem schadet ein wenig Hintergrundwissen zu den einzelnen Stationen nicht. Bei der digitalen Tour erfährt man so viel Wissenswertes. Zum Beispiel, dass die Skulptur „Sonnensucher“ von Anne-Marie Rommerskirchen im Jahr 1950 aufgrund ihrer Nacktheit noch als freizügig und gewagt angesehen wurde. Als das Original dann zwei Wochen nach der Aufstellung über Nacht verschwand, ging man davon aus, dass Kritiker die Figur entfernt hätten. Im Nachhinein stellte man jedoch fest, dass der wirkliche Grund viel profaner war: Jugendliche hatten die Skulptur zerschlagen, um die Bronze zu verkaufen. Die Figur wurde ersetzt und 2002 Teil der Skulpturenmeile.
Eine tolle Idee, sich Kunst im öffentlichen Raum einmal ganz zwanglos, quasi nebenbei zu nähern. Und damit hat man gleich 30 Mal die Chance auf glückliche Momente.

- Skulpturenmeile, Startpunkt im Skulpturengarten über Weiherstraße/Geroweiher, www.deinmg.de/2020/09/04/skulpturenmeile_tour/
- ÖPNV: Bus 005, 015, 025, Haltestelle Geroplatz

Der Name ist Programm

8 Veganes im Restaurant Alge

Vegetarische und vegane Gerichte finden sich immer mehr auf unseren Tellern. Natürlich darf auch in Mönchengladbach ein veganes Restaurant nicht fehlen. In diesem Fall heißt es Alge und serviert seinen Gästen seit 2015 vegane Speisen und seit 2019 sogar Obst und Gemüse, das von einer eigenen Anbaufläche stammt. Immer in bester Qualität und natürlich saisonal aus nachhaltiger Landwirtschaft.

So gedeihen auf der Bio-Alge-Farm auf 400 Quadratmetern rosa Brokkoli, roter Spitzkohl und lilafarbener Wirsing, die allesamt erntefrisch vom Feld direkt auf den Teller der Gäste gelangen. Und fürs Auge gibt's was Schönes, z. B. essbare Blüten und spezielle Wildkräuter. Frischer und regionaler geht es nicht.

Dies gilt auch für Blumenkohl, Fenchel, Erbsen, Kartoffeln, Möhren, Spinat und Tomaten, Bärlauch, Kopfsalat, Minze, Salbei etc. – die Liste der frischen, selbst angebauten Gemüse ist fast endlos. Angezogen und geerntet wird alles ohne tierischen Dünger und ohne Maschinen. Denn nicht nur das Ergebnis selbst zählt für Inhaber David Rütten, sondern auch der Weg dorthin. Getreu dem Lebensmotto „Sei du selbst die Veränderung, die du dir in der Welt wünschst" hat er sich nach seiner Ausbildung beim Sternekoch Wolfgang Eickes auf vegane Gerichte spezialisiert. Seitdem möchte er immer mehr Menschen für die rein pflanzliche Küche begeistern und überzeugen.

Zu diesem Konzept gehört auch die offene Küche, in der das Essen für alle sichtbar zubereitet wird. Transparenz ist das Zauberwort: Jeder Gast darf sehen, wie gekocht wird, wo gekocht wird und was gekocht wird. Angerichtet wird mit viel Liebe zum Detail – schließlich isst das Auge immer mit. Wer kann rotem Pesto oder Birnen-Erdnuss-Hummus schon widerstehen? Keine Frage – damit tut man sich wirklich mal was Gutes!

Wie heißt es doch so schön? Essen macht glücklich! Im Restaurant Alge auf jeden Fall.

- Restaurant Alge, Waldhausener Straße 86a, 41061 Mönchengladbach, Tel. (01 63) 9 17 92 50, www.alge.de/moenchengladbach
- ÖPNV: Bus 03, 007,013, 023 033, Haltestelle Grünewald

Leinen los!

9 Schwebefähre an der Niers

Mal den einen oder anderen Gang zurückschalten, sich dem Tempo der Natur anpassen und alles etwas langsamer angehen – das fällt dem Menschen des 21. Jahrhunderts immer schwerer. Glücklicherweise ergeben sich hin und wieder Gelegenheiten, bei denen man gar nicht anders kann, sondern sich sozusagen zu seinem Glück zwingen lassen darf. Wie zum Beispiel im Mönchengladbacher Stadtteil Donk.
Dort existiert seit dem Jahr 2003 eine sogenannte Schwebefähre oder auch -brücke, mit der man das Flüsschen Niers überqueren kann. Der Weg hierhin ist allerdings nicht ausgewiesen, und es braucht schon ein wenig Entdeckerblut, um das kleine Schmuckstück zu finden. Da es angeblich weltweit nur noch neun solcher Exemplare gibt, lohnt es sich – kombiniert z. B. mit einer Wanderung oder einer Fahrradtour – auf jeden Fall, das ungewöhnliche Gefährt für Fußgänger und Fahrradfahrer selbst mal auszuprobieren.
Ein wenig Urvertrauen in die grazile und etwas instabil wirkende Technik kann allerdings nicht schaden, wenn man den 2,5 x 1,5 Meter großen Transportkorb ausschließlich mit eigener Muskelkraft über die Niers befördert. Doch das alte Seilzugprinzip funktioniert noch heute ganz prima und bisher sind keinerlei Unfälle bekannt. Sehr beruhigend!
Dass Napoleon Bonaparte einst große Pläne für die Gegend hatte, darüber klärt außerdem eine kleine Infotafel auf. Immerhin plante er genau hier den Bau eines Kanals bis ins holländische Antwerpen – den sogenannten „Nordkanal“, dem man noch heute an der einen oder anderen Stelle am Niederrhein begegnet.
Genutzt werden kann die Fähre im Handbetrieb übrigens von 9.00 bis 20.00 Uhr – danach gilt Nachtruhe. Ein tolles Erlebnis und ein echter Spaß, vor allem auch für Familien. In Zeiten von Smartphone und Tablet sind solche kleinen Abenteuer für Kinder ein unvergessliches Erlebnis.

- Schwebefähre über die Niers, Stichweg Cloerbruchallee 13 a, 41066 Mönchengladbach
- ÖPNV: Bus 015, Haltestelle Grunewaldstraße

Vom Flachs zur Praline

10 Kaffeehaus-Kultur bei Café Heinemann

Betritt man das Stammhaus des Cafés Heinemann in der Bismarckstraße 91, so fühlt man sich augenblicklich in die großen Zeiten stilvoller Kaffeehauskultur versetzt. Denn genau hier gründete im Jahr 1932 Hermann Heinemann mit seiner Konditorei eine der besten Adressen für feinste Schokoladen- und Konditoreierzeugnisse in Europa.

Ob die eindrucksvolle Holz-Ladentheke und die dekorative Schrank-Regal-Kombination aus den 30er-Jahren, in denen man heute wie damals Pralinen und feinstes Gebäck bestaunen kann, oder die kleinen und großen Gemälde in ihren goldverschnörkelten Bilderrahmen – alles harmoniert aufs Feinste. Und zaubert den Charme vergangener Jahrzehnte herbei. Dazu die freundlichen Serviererinnen mit ihren adretten, schwarz-weißen Schürzen – perfekt!

Hat man sich erst einmal an all den stilvollen Details des wunderbar nostalgischen Ambientes sattgesehen, kann man sich dem zuwenden, worauf man sich schon die ganze Zeit gefreut hat: all den Torten, Kuchen und Pralinen in bester Qualität. Eine Besonderheit sind die Gladbacher Knööp: Diese großen Pralinenkugeln erzählen von der textilen Geschichte der Stadt, denn sie erinnern in Aussehen und Namen an die kleinen Knoten, die zuweilen beim Spinnen von Flachsgarn entstanden. Aus diesen ungeliebten „Knööp" wurden bei Heinemann kurzerhand die nussig-schokoladigen Delikatessen.

Oder wie wäre es mit den köstlichen Champagner-Trüffeln, die seit 1968 zu den großen europäischen Spezialitäten zählen und auf der Zunge zerschmelzen?! Auch Herrentorte und Baumkuchen zählen zu den meisterhaften Schöpfungen der Konditoren und Chocolatiers von Heinemann. Und regelmäßig kommen neue Leckereien hinzu.

Übrigens lohnt sich auch der Blick in die Speisekarte, denn das Essen ist hervorragend. Zum Beispiel die beliebte Heinemann-Pastete, deren Rezept seit 1932 unverändert geblieben ist – einfach lecker. So wie eigentlich alles bei Heinemann. Ein Besuch lohnt sich also zu jeder Zeit und macht ganz sicher glücklich!

- Café Heinemann, Bismarckstraße 91, 41066 Mönchengladbach, Tel. (0 21 61) 1 70 31, www.konditorei-heinemann.de
- ÖPNV: Bus 001, 015, 025, 089, Haltestelle Kaiser-Friedrich-Halle

Im Herzen der Stadt

11 Essen, trinken und feiern am Alten Markt

Jede Stadt hat ein Herz, in dem das Leben nur so pulsiert. In Mönchengladbach schlägt es ganz sicher am Alten Markt. Als Einheimischer trifft man hier eigentlich immer jemanden, den man kennt, hält ein kurzes Schwätzchen und freut sich über den neuesten Tratsch und Klatsch. Deshalb gibt es auch kaum einen Mönchengladbacher, der hier nicht schon lange und unterhaltsame Sommerabende mit Freunden verbracht oder zur Advents- und Weihnachtszeit einen oder zwei Becher Glühwein auf dem Weihnachtsmarkt getrunken hat.
Genau darauf hat sich der Alte Markt auch eingestellt. Mittlerweile existieren zahlreiche Restaurants, Kneipen und Cafés jeglicher Couleur, die wirklich für jeden Gast etwas bieten. Sogar im Winter kann man sein kühles Bier (oder auch was Warmes!) an der frischen Luft genießen. Heizstrahler und Windschutz machen's möglich und sorgen rund ums Jahr für ein angenehmes und gemütliches Ambiente. Besser geht's nicht.
Vor allem in den letzten Jahren hat der Platz an Attraktivität gewonnen und lädt nun ein, hier einige entspannte Stunden mit Sehen und Gesehenwerden zu verbringen. Und so kommen auch auswärtige Besucher auf ihre Kosten, wenn sie sich zum Beispiel vor ihrem Stadtrundgang noch schnell stärken möchten oder nach einer längeren Erkundungstour einfach mal die Füße ausruhen, eine Runde entspannen und dem fröhlichen Treiben rundherum zuschauen.
Währenddessen erinnert man sich möglicherweise auch daran, dass der Alte Markt nicht erst heute das Herz von Mönchengladbach ist, sondern einst gemeinsam mit dem Kapuzinerplatz und dem Münster das Zentrum der historischen Siedlung war, die erst nach und nach zur Stadt heranwuchs. Alles zusammen bildet ein spannendes Neben- und Miteinander von Gegenwart und Vergangenheit, das bis heute seinen ganz besonderen Charme entwickelt und behalten hat.

- Alter Markt 1, 41061 Mönchengladbach
- ÖPNV: Bus 003, 007, 008, 009, 010, 013, 019, 023, 033, Haltestelle Alter Markt

Explodierende Farben

12 Indian Summer im Wickrather Schlosspark

Wer kennt nicht die Bilder des traumhaften amerikanischen „Indian Summers“, bei dem sich die Blätter der Laubbäume von Grün nach Gelb und von Orange nach Rot verfärben und alles in eine wahre Farbexplosion tauchen. Für solch ein grandioses Naturschauspiel muss man gar nicht weit fahren. Denn Spätsommer und Herbst zählen auch am Niederrhein und in der Umgebung zu den schönsten Jahreszeiten. So befindet sich, gar nicht weit von der Mönchengladbacher Innenstadt entfernt, ein Ort, an dem sich diese Zeit des Jahres am besten erleben und erspüren lässt. Und zwar in der weitläufigen Parkanlage des Wasserschlosses in Wickrath. Geplant wurde diese Anlage nach französischem Vorbild mit Teichen und Alleen in Form einer fünfeckigen Grafenkrone, zwischen 1746 und 1772 erbaut. Sowohl Schloss als auch Park stehen heute unter Denkmalschutz. Im Rahmen der Landesgartenschau 2002 wurden die Vorburg, die Brücken und der Park von Grund auf saniert und das Schloss in seiner charakteristischen ochsenblutroten Farbe gestrichen. So schön ist die Anlage, dass Schloss und Park 2004 von der Initiative „Straße der Gartenkunst zwischen Rhein und Maas e. V.“ aufgenommen wurden. Übrigens genauso wie Schloss Rheydt und der Bunte Garten mit Kaiserpark und Botanischem Garten. Der Verein schenkt besonders schönen Gärten Beachtung, um das gartenkulturelle Erbe zu bewahren und touristisch ins Bewusstsein zu rücken.
Unerwartete Durchblicke, zahlreiche Ruhebänke sowie plätschernde Bachläufe und Teiche bestimmen das Bild der überaus gepflegten Parkanlage, die bereits im Spätsommer zu ihrem furiosen Endspurt der Natur ansetzt. Hier sollte man sich eine ausgiebige Auszeit vom Alltag nehmen, um sich etwas Ruhe zu gönnen. Hat man dann noch das Glück, zur richtigen Zeit im Park zu sein und erleben zu können, wie die Strahlen der untergehenden Sonne die gesamte Umgebung in ein warmes, goldenes Licht tauchen, macht sich in der Körpermitte ein traumhaft warmes Gefühl breit, das man gut und gerne als Glück bezeichnen kann.

- Schloss Wickrath, Schloss Wickrath 17, 41189 Mönchengladbach, www.deinmg.de/project/schloss-wickrath
- ÖPNV: ab Hbf. Mönchengladbach Bus 006, 016, 026, Haltestelle Trompeterallee; Bahn RB 33, Haltestelle Bahnhof Wickrath

In guter Gesellschaft

13 Kunststunde im Museum Abteiberg

Ist von bedeutenden deutschen Museen die Rede, so denkt man oftmals an das Pergamonmuseum in Berlin, das Haus der Geschichte in Bonn oder das Deutsche Museum in München. Dabei sind so viele Museen mehr einen Besuch wert. Zum Beispiel das Museum Abteiberg in Mönchengladbach.

Zwischen Innenstadt und alter Abtei gelegen, bietet sich Kulturinteressierten dort die Möglichkeit, Kunstwerke von Joseph Beuys, Andy Warhol, Sigmar Polke, Gerhard Richter, Heinz Mack sowie vielen weiteren bildenden Künstlern des 20. und 21. Jahrhunderts zu betrachten. Dabei wird schnell klar, dass dieses Museum mittlerweile eine der bedeutendsten Kunstsammlungen seit 1960 besitzt. Schon alleine Grund genug, mal hereinzuschauen.

Doch das Museum hat nicht nur außergewöhnliche Sammlungen zu bieten, sondern auch das postmoderne Museumsgebäude selbst, eingeweiht im Jahr 1982, stellt ein imposantes Kunstobjekt dar. Und zwar eines, das durch seine preisgekrönte Architektur mit überraschenden Ein- und Ausblicken sowie flexiblen Übergängen zwischen den einzelnen Räumen begeistert. Dem erfolgreichen und namhaften Wiener Architekten Hans Hollein war es besonders wichtig, jedem Besucher sein individuelles Erleben und seine persönliche Begegnung mit den Kunstwerken zu ermöglichen.

Im Außenbereich gelangt man zu einem beeindruckenden Skulpturengarten, der im Jahr 2002 im ehemaligen Obstgarten der Mönche entstand. Seitdem beherbergt er – neben altem Baumbestand – Skulpturen von Claes Oldenburg, Franz West und Francois Morellet. Eine ausgesprochen reizvolle Kombination, die über einen ganz eigenen Charme verfügt. So kann man nach einem Rundgang durch die hellen Innenräume in den grünen Abteigarten wechseln und dort nach seinem persönlichen Lieblingsplatz oder Glücksort suchen. Und inmitten dieser außergewöhnlichen Umgebung sicherlich auch fündig werden.

- Museum Abteiberg, Abteistraße 27, 41061 Mönchengladbach, Tel. (0 21 61) 25 26 37, www.museum-abteiberg.de
- ÖPNV: Bus 003, 007, 008, 009, 010, 013, 023, 033, Haltestelle Museum Abteiberg

Hasenbande und Rabbithole

14 Bier und Burger im Hensen

Dass Mönchengladbach seinen Namen unter anderem einem kleinen Fließgewässer namens „Gladbach“ verdankt, dessen Quelle sich in Mönchengladbach-Waldhausen befindet, weiß außerhalb von Mönchengladbach kaum jemand. Dabei kann man im Keller der Brauerei Hensen einen Blick auf die Quelle des kleinen Flusses werfen, der mittlerweile etwa vier Kilometer unterirdisch als Kanal verläuft. Auch der Brunnen, aus dem einst das Wasser fürs Bierbrauen kam, existiert noch. Wie lange das schon her ist, erkennt man am Gründungsjahr der Brauerei Gebrüder Hensen: 1793.

Seit 2017 gibt es – natürlich unter neuer Leitung – wieder frisch gebrautes Bier im Hensen. Und dazu außerdem noch ein abwechslungsreiches Gastronomieangebot: Zum einen im Restaurant „Hasenbande“, das seine Gäste mit unterschiedlichstem Soulfood von Lasagne bis Tacos und Nachos lockt, zum anderen können sich im urigen Kellergewölbe vor allem Burger-Fans auf ihre Leibspeise freuen. Denn im Rabbithole werden die wohl besten Burger der Stadt serviert. So heißt es jedenfalls, und es könnte sogar stimmen. Darüber hinaus ist ein Braueikeller keine üble Location für einen „Kaninchenbau“, denn der rustikale Industrial Look passt ganz hervorragend zum Essen und stellt jedem Besucher einen fröhlichen, zwanglos-angenehmen Abend in Aussicht.

Was außerdem noch im allgemeinen Restaurant-Einerlei auffällt: Nicht nur der Name des Restaurants lässt Humor vermuten, sondern auch die Burgerbezeichnungen. Wer würde nicht mal gerne Big Kahuna, Drunken Goat oder Holy Shit BBQ Burger probieren? Bereits bei deren Anblick läuft einem das Wasser im Mund zusammen, und man sollte mit der eigenen Entscheidung deshalb besser nicht zu lange warten. Zum Burger bekommt man dann noch hausgemachte Mayonnaise, und zumindest für die Zeit, die man im Rabbithole verbringt, ist die Welt wieder in Ordnung. Wie gut, dass sich solche Abende beliebig oft und ganz nach Bedarf wiederholen lassen.

- Hensen Brauerei, Untere Straße 135, 41068 Mönchengladbach, Tel. (01 75) 3 33 80 76, www.brauerei-hensen.de
- ÖPNV: Bus 003, 013, 23, 33, Haltestelle Hensenweg

Stimmung ist alles

15 Fohlen und Co. im Borussia-Park

In einem Buch über Glücksorte in Mönchengladbach darf er nicht fehlen – der Borussia-Park, die sportliche Heimat der Fohlen und das Nachfolgestadion des geschichtsträchtigen Bökelbergstadions. Und mal ehrlich: In diesem Stadion einmal auf dem Rasen zu stehen oder einen Platz auf den Zuschauertribünen zu ergattern, das hat schon was!
Seit 2004 stehen regelmäßig große Gefühle auf dem Programm. Insgesamt 60.250 Menschen haben hier Platz, und das nicht nur bei Fußballspielen. Denn das Stadion von Borussia Mönchengladbach wird nicht nur für Fußballspiele genutzt, sondern ebenso für unterschiedliche Kulturveranstaltungen und Konzerte. So haben schon Elton John oder Bruce Springsteen live im Borussia-Park aufgespielt und ihre Fans begeistert.
Aber natürlich sind die unzähligen Duelle um den Auf- oder Abstieg bis hin zum Europapokal die absoluten Highlights im Borussia-Park. So ist es keine Überraschung, dass solch ein Stadion ein Glücksort sein kann.
Dazu trägt übrigens auch noch die sogenannte FohlenWelt bei, die vor allem von Auswärtigen und Nichtanhängern schnell mal übersehen und links liegen gelassen wird. Das allerdings völlig zu Unrecht. Denn das interaktive Museum rund um den Mythos Borussia Mönchengladbach ist selbst für nicht eingefleischte Fußball-Fans sehenswert. Es bietet nämlich die Chance, sich auf die Spuren der legendären Fohlenelf zu begeben. Ob Trikotgalerie, Torfabrik oder Wissenswertes rund um Mannschaftskabine, Fans und Nationalspieler – nach einem Besuch erschließt sich jedem die Faszination dieses Fußballclubs.
Ergänzt wird die Ausstellung durch den Digital-Guide, der noch etwas Besonderes zu bieten hat: Man kann den Rundgang aus der Perspektive von Rolf Göttel, dem ehemaligen Stadionsprecher am Bökelberg, oder mit Sven Körber aus Fansicht erleben. Und der aktuelle Stadionsprecher „Knippi“ erzählt Geschichten speziell für Kinder. Ein echtes Highlight!

● Borussia-Park/FohlenWelt, Hennes-Weisweiler-Allee 1, 41179 Mönchengladbach, Tel. (0 18 06) 18 19 00, www.museum.borussia.de
● ÖPNV: Bus 014, 017, 035, Haltestelle Nordpark Busbahnhof

BORUSSIA-PARK
GANG SÜD
EINGANG SÜD

Geschenke, Geschenke

16 Feinkost und mehr im Etepeteete

In manchen Läden könnte man stundenlang stöbern. Von einem Regal zum anderen schlendern, immer Neues entdecken und doch niemals zum Ende kommen. Solch ein Laden ist das Etepeteete an der Hauptstraße 37.

Etepetete bedeutet ursprünglich „übertrieben fein", und betrachtet man die angebotene Auswahl genauer, erkennt man schnell: Der Name passt, denn fein ist hier wirklich alles. Allerdings gar nicht übertrieben, sondern eher genau richtig.

Über diese gar nicht so kleine Auswahl an Feinkost freut man sich im Stadtteil Rheydt seit 1998. Das Etepeteete bietet auf 400 Quadratmetern und vier Etagen leckere Pasta ebenso wie unzählige Gewürze, Saucen, Marmeladen, Destillate, Schokolade und nicht zu vergessen mehr als 250 Teesorten. Darunter viele Spezialitäten, sogar Raritäten und vieles, was sich nach ausgiebigem Genuss nur allzu gerne mal auf den Hüften wiederfindet: Pralinen, Schokoliertes mit Pflaumen, Mandeln, Kaffeebohnen, Kirschen, Grappatrauben ebenso wie leckere Fruchtaufstriche. Mönchengladbach- und Rheydt-Freunde können hier Geschenke mit so klangvollen Namen wie „Eine Tüte voll Rheydt", „Niersschlamm" aus Sahne, Rum und Schokolade sowie „Rheydter Sonntagstee" mit Vanillearoma käuflich erwerben. So wird nicht nur der Geschmackssinn angeregt, sondern man unterstützt auch noch die regionalen Produzenten.

Glücklicherweise hinterlässt nicht alles im Etepeteete das berühmte Hüftgold – die feine Auswahl an nicht essbaren „Kleinigkeiten" reicht von farbenfrohen Piep-Eiern über alles rund um Becher, Kanne & Co. bis zu schicken Design-Produkten für die Küche. Und schnell wird klar, dass man hier durchaus ein bisschen länger gucken könnte und selbstverständlich auch möchte. Diesem Gefühl sollte man daher ruhig nachgeben und einfach noch ein wenig weiterstöbern. Schließlich möchte man das hiermit verbundene Glücksfühl ja nicht vorzeitig beenden.

● Etepeteete, Hauptstraße 37, 41236 Mönchengladbach, Tel. (0 21 66) 94 44 43
www.etepeteete.de
● ÖPNV: Bus 001, 002, Haltestelle Hauptstraße;
Bus 016, 019, Haltestelle Rheydt Markt

Mönchengladbach von oben

17 Atemberaubender Rundflug mit dem Zeppelin

„Ein Flugzeug erfinden ist nichts. Ein Flugzeug bauen ist viel. Fliegen ist alles!", soll Otto Lilienthal, der deutsche Luftfahrtpionier gesagt haben. Im 21. Jahrhundert ist Fliegen längst nichts Besonderes mehr. Mal eben mit dem Flieger nach Hamburg, München oder Mallorca – das gehört inzwischen fast zum Alltag. Selbst mit Langstrecken in die USA, nach Australien oder Asien haben die meisten Erfahrung und sehen darin keine große Sache.

Trotzdem – die Welt einmal von oben sehen, und das nicht aus einem normalen Flugzeug, ist auch heute noch etwas Außergewöhnliches. Tatsächlich hat Mönchengladbach ein Flugerlebnis zu bieten, das sogar erfahrene Vielflieger zum Schwärmen bringt: Einige Male im Jahr kann man nämlich Mönchengladbach, Düsseldorf oder Köln im modernsten Luftschiff der Welt aus der Vogelperspektive betrachten. Und zwar in einem Zeppelin! 75 Meter lang, 19,5 Meter breit, 17,4 Meter hoch und 8.050 Kilogramm schwer ist der Zeppelin NT und erreicht eine Maximalgeschwindigkeit von 125 Kilometern pro Stunde. Die maximale Flughöhe liegt bei 3.000 Metern.

Weltweit sind nur noch rund ein Dutzend größere Luftschiffe im Einsatz. Die Umgebung aus 300 Meter Höhe bewundern zu können oder auch mal kurz über Düsseldorf zu fliegen, das ist nicht nur eine schöne, sondern auch eine exklusive Form des Sightseeings. Bei 60 Kilometern pro Stunde bieten die großen Panoramafenster eines Zeppelins die beste Möglichkeit, die Landschaft aus der Vogelperspektive zu betrachten. Felder, Wiesen, Wälder, Seen und Flüssen wechseln sich ab mit bebauten Flächen und beruhigen Geist und Seele. 45 Minuten lang kann man diese Aussicht mit einem Gefühl von Freiheit genießen und dabei eine ganz andere Art des Fliegens erleben.

Eine Zeppelingondel bietet insgesamt 14 Personen die Möglichkeit eines spektakulären Perspektivwechsels sowie eines unvergesslichen Glücksgefühls, das seinesgleichen sucht! Und jeder bekommt einen Fensterplatz. Aber Vorsicht – wer es einmal gewagt hat, will es meist immer wieder!

● Zeppelin-Flug, Flughafengesellschaft Mönchengladbach GmbH, Flughafenstraße 95, 41066 Mönchengladbach, Tel. (0 75 41) 59 00-0
www.zeppelin-nt.de

● ÖPNV: Bus 025, Haltestelle Flughafen Terminal

ZF
see. think. act.

Hüpfen macht glücklich

18

Hoch und runter im Hi-Fly Trampolin Park

Im Januar 2019 erweiterte Mönchengladbach sein Angebot für Sportbegeisterte um einen speziellen Kick: Im Hi-Fly Trampolin Park können sich Besucher seitdem auf rund 4.000 Quadratmetern mal so richtig auspowern. Ninja Parcours, Hi Bounce, Twister und Valo Jump lassen – und das sogar im wahrsten Sinne des Wortes – das Herz schnell höherschlagen. Deshalb ist das Springen auf dem Trampolin auch ideal zum Stressabbau geeignet. Einfach beim Springen seine Anspannungen loswerden und wieder glücklich werden. Eigentlich unbezahlbar, oder? Das ungewohnte Gefühl, in schneller Folge zwischen Schwerkraft und Schwerelosigkeit zu wechseln, macht Spaß und Lust auf mehr.

Aber das Hi-Fly ist nicht nur etwas für Sportliche! Ebenso spaßig, aber doch ein bisschen gemächlicher geht es da in der Free Fly Area zu, wo auch ungeübte und ältere Besucher, bekleidet mit pinkfarbenen oder blauen Hi-Fly Flugsocken mit rutschfestem Gummiprofil, ihre persönlichen Glücksmomente erleben können. In der in Schwarz, Pink und Lila gehaltenen Halle kann man sich darüber hinaus an einer Slackline, dem Ninja Parcours mit riesigem Luftkissen oder auf dem gepolsterten Balken an der Battle Box versuchen. Überall gilt natürlich: Jeder ganz so, wie er kann und wie er mag.

TIPP

Im Sommer öffnet der Hi-Beach-Club inklusive Strand und Cocktails!

Zusätzliche Angebote wie zum Beispiel Workout Fly, Family Fly oder Party Fly sorgen für noch mehr individuellen Trampolinspaß! Speziell für jüngere Kinder bis neun Jahre wird sonntags auch noch ein Kids Jump angeboten. Es gibt also viel zu entdecken und auszuprobieren – und zwar für die ganze Familie!

Und noch was: Trampolinspringen fühlt sich nicht nur extrem gut an und kann zum psychischen Gleichgewicht beitragen, sondern ist dazu noch gut für Herz, Knochen und Gelenke, bringt den Körper in Schwung und ist ein großer Spaß für Jung und Alt. Was liegt da näher, als sein Glück zu versuchen und einfach loszuspringen?! Viel Spaß beim Austoben!

- Hi-Fly Trampolin Park, An den Holter Sportstätten 1, 41069 Mönchengladbach, Tel. (0 21 61) 35 39 70, www.hi-fly.de
- ÖPNV: Bus 035, Haltestelle Holter Sportstätten

www.hi-fly.de
Hi·Fly

Legendär und kreativ

19 Das zweite Gesicht der Waldhausener Straße

Als beliebte Partymeile der 80er- und 90er-Jahre war und ist die Waldhausener Straße berühmt und berüchtigt. Diskotheken – mittlerweile Clubs genannt – und Bars reihten sich aneinander. Einer der ersten Disco-Besitzer war– wie könnte es anders sein – eine Fußball-Legende. Günter Netzer eröffnete 1971 in der Waldhausener Straße 55 das „Lovers' Lane" mit Platz für 60 Personen. Udo Jürgens, Franz Beckenbauer und Sepp Herberger zählten zu seinen Gästen. Und der berühmte Club Krümel ist als Pub und Bar schon seit mehr als 35 Jahren ein Begriff.
Aber wie so oft: Was bei Nacht bei Neonlicht verlockend und verrucht wirkte, sah im hellen und unbarmherzigen Tageslicht an mancher Stelle eher schäbig und vernachlässigt aus. Das hat sich in den letzten Jahren zunehmend zum Positiven verändert. Die Waldhausener Straße ist noch immer eine Partymeile. Nur die Namen der Clubs haben sich geändert: Black and White, Goldwasser, Die Nacht, Projekt 42, Die Box, Bienenkörbchen, Sinas Club Lounge, Mojo's – so heißen sie heute. Aber was in der Nacht einlädt, mal so richtig einen draufzumachen, erweist sich mittlerweile auch tagsüber als ansehnlich und abwechslungsreich.
Während viele Häuser nach und nach ihren Glanz verlieren, scheinen andere in den letzten Jahren in Hochform zu kommen und beeindrucken durch kunstvolle Fassaden und farbige Akzente. Zu verdanken ist diese sichtbare Neugestaltung Stadtteilinitiativen, die die Waldhausener Straße für sich entdeckt haben. So lässt sich wohl auch die charmante, aber ungewöhnliche Lampenschirm-Deko erklären, die regelmäßig ersetzt wird und für fast schon märchenhaftes Flair sorgt. Selbst die Sonne scheint etwas für die Straße mit Geschichte übrig zu haben und sorgt immer wieder für goldene Momente. Man darf also gespannt sein, was die Zukunft für die Waldhausener Straße noch so bereithält. Der eine oder andere Glücksmoment wird sicher dabei sein.

- Waldhausener Straße, 41061 Mönchengladbach
- ÖPNV: Bus 003, 007, 008, 009, 010, 013, 019, 023, 033, Haltestelle Alter Markt

goldwasser
club · lounge
WALDHAUS
12

Mode zum Liebhaben

20 Schönes shoppen bei Fräulein Smilla

Man kann sie noch entdecken, die kleinen Modeläden, die sich mit ihrem Angebot und ihrer speziellen Atmosphäre angenehm von den üblichen Modeketten abheben. Wie zum Beispiel den Concept Store Fräulein Smilla, dessen kleine Erfolgsgeschichte im Jahr 2020 begann. Zu dieser Zeit entschieden sich Mutter Susanne und Tochter Lilly Marie Inderfurth, das kleine Geschäft in der Goethestraße mitten im Eicken-Viertel zu eröffnen. Mit jeder Menge Enthusiasmus, Optimismus und Selbstvertrauen. Immerhin hat Susanne Inderfurth vorher bereits Erfahrung als Chefin eines Geschäftes auf einem alten Rittergut bei Erkelenz sammeln können. Schon damals mit dem richtigen Gespür für schöne Dinge.

Als dann der alte Kiosk an der Ecke leer stand, wurde kurzerhand der Vertrag unterschrieben und das Ladengeschäft gemietet. Namensgeber für den neuen Concept Store war übrigens ein kleiner Hund namens Smilla, der den Gründerinnen just in dem Moment über den Weg lief, als man sich zur Eröffnung entschlossen hatte. Ein Wink des Schicksals, den man nicht ignorieren durfte! Und so war das Fräulein Smilla geboren.

Vor allem Boho- und Ibiza-Mode in tragbarer und bezahlbarer Qualität, aber auch Geschenke, Dekorationsartikel und sogar indische Möbel füllen seit einem umfangreichen Umbau das Ladenlokal und freuen sich darauf, entdeckt zu werden. Jede Woche kommen neue Stücke dazu, viele davon mit motivierenden Statements wie „If you can dream it, you can dot it“ oder „Du bist voll toll!“, die einem den Tag versüßen! Nicht alltäglich, dafür aber durchaus alltagstauglich. Wünsche werden übrigens auch gerne entgegengenommen und – wenn möglich – noch lieber erfüllt.

So ist hier ein Stück heile und harmonisch-gemütliche Welt entstanden, mit angenehmer Musik, gutem Duft und toller Atmosphäre. Dazu die liebevolle, persönliche Beratung – perfekt und ein erfreulicher Kontrapunkt zu all den Textilketten. Also einfach vorbeikommen, aussuchen und glücklich werden!

- Fräulein Smilla Concept Store, Goethestraße 2a, 41061 Mönchengladbach, Tel. (01 72) 4 94 41 79
- ÖPNV: Bus 002, 003, 033, Haltestelle Kaiserstraße

I.M SOOO LUCKY to have YOU
Wo Liebe ist, wird das Unmögliche möglich.

Nachhaltig lecker

21 Bewusst schlemmen im van Dooren

Mitten im beliebten Gründerzeitviertel Eicken liegt das Restaurant van Dooren. Schon von draußen schaut man gerne durch die großen Fenster, die den Blick auf den Gastraum freigeben, und unwillkürlich denkt man sich: Da möchte ich gerne mal sitzen.
Man tut gut daran, sich ein Herz zu nehmen und diesem ersten Impuls zu folgen, denn das van Dooren steht seit seiner Neueröffnung im Jahr 2020 für eine gelungene Kombination aus Genuss und Stil. Hier werden kulinarische Köstlichkeiten angemessen in der Wohlfühlatmosphäre eines alten Gründerzeithauses serviert. Und natürlich verzehrt.
Hat man erst einen Platz gefunden und schaut sich im Gastraum um, so stellt man schnell fest: Es passt alles – von den rustikalen Tischen über das alte Klavier bis zum Fischgrätparkett. Von den Eickener Tapas über den Flammkuchen „feige Ziege“ bis zu den Pancakes mit Karamell- und Oreosoße. Deshalb ist ein Besuch im van Dooren immer eine gute Idee, zum Frühstück ebenso wie zum Kaffee oder für einen gemütlichen Abend mit Freunden.
Übrigens: Wer denkt, „van Dooren“ sei einfach nur ein Name, der irrt sich. „van Dooren“ steht für die Werte der beiden Inhaberinnen Kathrin Beltermann & Sandra Züwerink: Vertrauen, Authentizität, Nächstenliebe, Dankbarkeit, Optimismus, Offenherzigkeit, Respekt, Ehrlichkeit und Nachhaltigkeit.
Dazu passt auch der Ansatz, kein Essen zu verschwenden und wegzuwerfen. Einige ausgewählte Gerichte werden daher nur auf Vorbestellung zubereitet, und ein einfaches Mehrwegsystem ermöglicht zusätzlich die nachhaltige Mitnahme von Speisen. Für den einen oder anderen eventuell ein wenig gewöhnungsbedürftig, aber eigentlich eine geniale Idee für alle, für die Nachhaltigkeit nicht nur ein Wort ist. So kann man beruhigt und ganz ohne schlechtes Gewissen schlemmen. Damit ist das van Dooren rundum ein (Glücks-)Ort zum Treffen, Verweilen und Genießen!

- Restaurant van Dooren, Kaiserstraße 132, 41061 Mönchengladbach, Tel. (0 21 61) 2 47 05 50, www.van-dooren-mg.de
- ÖPNV: Bus 002, 003, 033, Haltestelle Kaiserstraße

Essen, trinken und mehr

22 Kulinarisches im KULT+GENUSS

Wer schaut nicht mal gerne jemand anderem bei Kochen zu und freut sich darauf, anschließend das Ergebnis genießen zu dürfen. Im KULT+ GENUSS in Mönchengladbach-Rheydt ist das kein Problem. Denn hier gehört die offene Küche, in der man den Köchen bei der Arbeit zusehen kann, zum Konzept. Natürlich schwingt da immer auch ein wenig die Hoffnung mit, dass man sich selbst mal etwas vom Profi abgucken kann.

Doch auch darüber hinaus gibt es im KULT+ GENUSS viel zu sehen. Allein die Location: Die alten Gemäuer der ehemaligen, restaurierten Hosenfabrik sorgen für eine außergewöhnliche Atmosphäre, die durch die langen Holztische aufgegriffen und ergänzt wird. Perfekt für den leiblichen Genuss in stilvoller und doch ungezwungener Runde.

Dass vor allem frische Produkte aus nachhaltiger Herstellung oder zumindest von regionalen Partnern verarbeitet werden, ist hier ganz selbstverständlich und eine bewusste Entscheidung. Mit wie viel Kreativität und Spaß diese dann gekocht werden, zeigt schon ein kurzer Blick auf die Speisekarte: Ob gebackene Gambas mit Minze und Wildkräutersalat, Risotto mit Pecorino und Tempura oder die klassische Gänsekeule mit Feldsalat und Croutons – alles schmeckt genauso gut, wie es klingt. Doch nicht nur diejenigen, die sich durch die mediterrane Küche mit asiatischen Anleihen verwöhnen lassen möchten, sind an der richtigen Adresse. Bereits beim Lesen der Speisekarte läuft einem sprichwörtlich bei jedem Gericht das Wasser im Mund zusammen.

Auch den Freunden von Kunst, Musik und Kultur wird einiges geboten. Fröhliche Abende mit Livemusik zu ausgesuchten Weinen, Kochkurs, Gin-, Whiskey- oder Rum-Tastings, Ausstellungen und Lesungen laden immer wieder zu geselligen Runden ein.

Wem es hier so gut gefallen hat, dass er am liebsten seinen Geburtstag, seine Hochzeit oder was auch immer feiern möchte: Das KULT+GENUSS ist der ideale Ort für ein privates Event. Sozusagen Glück auf Bestellung.

- KULT+GENUSS, Wilhelm-Strauß-Straße 65, 41236 Mönchengladbach, Tel. (0 21 66) 1 36 15 15, www.kultundgenuss.de
- ÖPNV: Bus 004, 006, 008, Haltestelle Dorfbroicher Straße

Glück auf Irisch

23 Chillen und Abrocken im Irish Pub The Pògs

Endlich mal wieder so einen richtig schönen und unterhaltsamen Abend im Irish Pub verbringen – wer hätte darauf keine Lust? Urige Atmosphäre, typisch irische Biersorten, nette Leute sowie Livemusik an den Wochenenden – irische Pubs verfügen seit jeher über eine unwiderstehliche Anziehungskraft. Schließlich sind sie nicht nur Orte zum Essen und Trinken, sondern ebenso zum geselligen Beisammensein und gehören in ihrem Ursprungsland als wichtiger Bestandteil zum gesellschaftlichen Leben.

Nicht von ungefähr ist „Pub“ die Abkürzung für „Public House“ und bedeutet „der Öffentlichkeit zugängliches Haus“. Auch die typisch irische Einrichtung, die immer ein wenig an das Wohnzimmer der Eltern oder Großeltern erinnert, verkörpert die Ursprünge der irischen Pub-Kultur. Dass man in solchen Pubs viele glückliche Momente erleben kann, das wird jeder bestätigen, der schon einmal dort war.

Wahrscheinlich zählen sie auch deshalb weltweit zu einem der absoluten Exportschlager der grünen Insel. Dies gilt ebenso für Mönchengladbach-Rheydt. So kann man sich im The Pògs in der Bahnhofstraße selbst davon überzeugen, dass der irische Lebensstil glücklich macht. Sollte man sogar, denn ein Besuch in der urigen Musikkneipe steht unter dem Motto „Come as Guest – leave as a Friend“. Was könnte einen Menschen glücklicher machen als neue Freunde?

Schon an der Tür empfängt einen das, weshalb man hierhergekommen ist: Irish-Pub-Feeling ganz so, wie man sich das vorstellt. Mit regelmäßigen Live Acts nationaler und internationaler Künstler. Mit zahlreichen süffigen Biersorten – irisch und deutsch. Mit toller Atmosphäre. Mit legendären Karaoke-Abenden. Mit speziellen Whisky Tastings. Und, und, und … Alles genau richtig, um nach einer stressigen Arbeitswoche wieder auf andere Gedanken zu kommen. Das sind mehr als genug Gründe, um The Pògs bald einen Besuch abzustatten und mal richtig zu chillen oder zu rocken. So einfach kann Glück sein.

- The Pògs – Irish Pub, Bahnhofstraße 31, 41236 Mönchengladbach, Tel. (01 57) 36 13 53 51, www.irishpubrheydt.de
- ÖPNV: Bus 001, 002, 006, 008, 014, 016, 020, 020, 024, Haltestelle Rheydt Hbf

Sieg, Platz, Zweierwette

24

„Zocken" auf der Trabrennbahn

Zugegeben – auf Trabrennbahnen ist das Glück nicht jedem hold. Das liegt in der Natur der Sache. Schließlich sind Sieg, Platz oder Zweierwette unsichere Partner, und wo Gewinner sind, gibt es zwangsläufig immer auch Verlierer. Dies gilt ebenso für die Trabrennbahn im Mönchengladbacher Stadtteil Neuwerk. Aber selbst Nichtwetter und -gewinner können das spezielle Flair eines Pferderennens bei einem Besuch auf der ältesten Trabrennbahn Deutschlands erleben und genießen.

Im Jahr 1892 wurde der erste Verein gegründet, und bereits am 13. August 1893 fand das erste Trabrennen statt. Allerdings mit sage und schreibe nur vier Startern. Als im Jahr 1975 die neue Haupttribüne – zu diesem Zeitpunkt eine der modernsten in Europa – für Besucher errichtet wurde, waren es dann einige mehr. Heute finden auf dem 1.000 Meter langen Geläuf jährlich etwa 140 Rennen statt, die weltweit übertragen werden, und 1.000 Pferde kämpfen mit ihren Sulkyfahrern um den Sieg.

TIPP

An der Trabrennbahn findet regelmäßig ein beliebter Trödelmarkt statt.

Wer also ein bisschen Nervenkitzel sucht, der kann diesen ein- bis zweimal im Monat haben. Und vielleicht möchte ja der eine oder andere gerne einmal sein Glück beim Wetten versuchen, ohne gleich Kopf und Kragen zu riskieren. Auch mit kleinen Beträgen ist man dabei und kann dann während des Rennens engagiert mit seinem Favoriten mitfiebern. Dann erwartet den Besucher garantiert ein abwechslungsreicher, spannender Nachmittag mit viel Glückspotenzial.

Wer sich übrigens Gedanken darüber macht, ob die elitäre Welt des Pferderennsports wirklich etwas für ihn ist, der kann ganz beruhigt sein: Beim Trabrennen sind sogar viele Fahrer – anders als bei den Jockeys des Galoppsports – Amateure und Quereinsteiger. Auch das Publikum gleicht eher Otto Normalverbrauchern als extravaganten Royal-Ascot-Besuchern. Also nichts wie ran an die Pferde! Das Glück wartet bereits.

- Trabrennbahn MG, Am Flughafen 5, 41066 Mönchengladbach, Tel. (0 21 61) 66 30 83, www.mgtrab.de
- ÖPNV: Bus 036, Haltestelle Trabrennbahn; Bus 025, Haltestelle Trabrennbahn Tribüne

Secondhand mal anders

25 LPs und Co. in der Vinyl-Garage

Um es direkt vorweg zu sagen: Wer altmodische Schallplatten liebt, der wird an diesem Ort glücklich. Damit ist eigentlich schon alles gesagt. Und auch wieder nicht. Denn die Vinyl-Garage bietet schließlich viel mehr als nur Secondhand-Schallplatten.

Da wäre z. B. die Plattenwaschmaschine, mit der in die Jahre gekommene Platten wieder auf Vordermann gebracht werden und die Vinyl-Liebhabern ein kleines Funkeln in die Augen zaubert. Denn hier wird so manche Platte durch Standard- oder Intensivwäsche wieder ans Laufen gebracht. Keine Sorge übrigens – in der Vinyl-Garage weiß man, wie man mit gebrauchten Platten umgehen muss. Immerhin werden auch die LPs, Singles und Maxis, die im Laden angeboten werden, vor dem Verkauf fachgerecht aufbereitet. Säubern, kleben und der Austausch defekter Inlays gehören hier zum Tagesgeschäft. Ebenso wie die Upcycling-Produkte, hergestellt aus gebrauchten Platten, die nicht mehr verkauft werden können, aber zu schade zum Wegwerfen sind. Aus ihnen werden nämlich Hocker, Untersetzer, Toilettenpapierhalter und mehr. Diese originellen Gegenstände werden dann in der Vinyl-Garage an den Mann oder die Frau gebracht.

Darüber hinaus laden das gemütliche „Wohnzimmer" mit Sitzecke und – natürlich – Plattenspieler sowie die kleine Küche mit Kaffee, Wasser und Cola zum Bleiben und Fachsimpeln ein. Da nimmt man der Aufforderung „Schaut vorbei, nehmt Platz, hört Musik, trinkt etwas, sprecht uns an!" doch immer wieder gerne an und kommt mit anderen Gästen, die ebenfalls das Flair von (vor-)gestern lieben, ins Gespräch. Dabei merkt man schnell, dass man nicht alleine mit seiner Leidenschaft ist, und kann sich hier so richtig zu Hause fühlen. Das perfekte Konzept für den Non-Profit-Laden, der seit 2016 das Musikangebot in Mönchengladbach bereichert. Eben ein echter Glücksort für Musikliebhaber und solche, die es werden wollen.

● Vinyl-Garage, Waldhausener Straße 83, 41061 Mönchengladbach,
Tel. (0 21 61) 57 68 25 01, www.vinyl-garage.com

● ÖPNV: Bus 007, 013, 023, Haltestelle Grünewald

SPREAD THE NEWS
ROCK/POP
KINKS

Zu Besuch bei den Riesen

26 Staunen auf der Sequoiafarm

Die Natur hält für uns Menschen manch faszinierendes Erlebnis bereit. Dabei sind es vor allem ihre Extreme, die uns begeistern und zum Staunen bringen. So wie zum Beispiel die beeindruckenden Mammutbäume in den USA. Sie werden nicht nur ausgesprochen groß, sondern auch ausgesprochen alt. Die ältesten Bäume sollen mehr als 3000 Jahre auf dem Buckel haben und zählen zu den größten Pflanzen der Erde. Mitte des 19. Jahrhunderts begann man, diese Riesen in europäischen Parkanlagen anzupflanzen, sodass man sogar bei uns die Möglichkeit hat, ihre spektakuläre Größe zu bewundern und sich bei ihrem Anblick ganz klein zu fühlen. Aber nur wenige wissen, dass es auch in der Nähe von Mönchengladbach, nämlich in Nettetal-Kaldenkirchen, möglich ist, solche Küsten-, Berg- und Urweltmammutbäume aus nächster Nähe in Augenschein zu nehmen.

TIPP

Bitte unbedingt die Öffnungszeiten beachten!

Als 1947 der Grenzwald vernichtet wurde, nutzte das Zahnarzt-Ehepaar Ernst und Illa Martin das 35.000 Quadratmeter große Gelände der Sequioafarm zur Aufforstung und bestückte es mit rund 1500 Sämlingen des Bergmammutbaumes. Die hierfür notwendigen Samen stammten aus den USA und begründeten die wohl erste Mammutbaum-Anzucht Europas. 1967 ging sie nach dem Tod Ernst J. Martins an das Land Nordrhein-Westfalen über und wechselte danach einige Male die Besitzer. 2013 ging das Gelände dann in den Besitz der Sequioafarm e. V. über, ein kleiner gemeinnütziger Verein, der sich um die Instandhaltung und Pflege kümmert.

So kann man heute Bergmammutbäume bestaunen, die über 60 Jahre alt sind, sowie einen nahezu einmaligen Hain von Küstenmammutbäumen und weitere Seltenheiten wie den Götterbaum oder den Redwood-Zwiesel. Angesichts dieser in Europa einzigartigen Wunderwerke der Natur überkommt einen unwillkürlich ein Gefühl der Ehrfurcht, und man ist geradezu überwältigt von dem, was die Natur hervorzubringen vermag.

- Sequoiafarm Kaldenkirchen, Buschstraße 98, 41334 Nettetal-Kaldenkirchen, Tel. (0 21 57) 61 33, www.naturpark-msn.de, Stichwort Besucherzentren
- ÖPNV: Ab Hbf. Mönchengladbach RE13, Haltestelle Breyel, 8 Minuten zu Fuß, dann Bus 096 ab Netteal Bieth, Haltestelle Kreuzmönchstraße, 12 Minuten zu Fuß

Lachen macht glücklich

27 Comedy und Kabarett im Kunstwerk

Es heißt, dass an einem Lachen mehr als 80 Muskeln im Gesicht und am ganzen Körper beteiligt sind. Außerdem mischt das limbische System, das bekanntlich der Verarbeitung von Emotionen dient, mit – vor allem das sogenannte Belohnungszentrum. Zusätzlich sinkt der Anteil der Stresshormone im Blut, dafür werden Endorphine, die Glückshormone, ausgeschüttet. Man könnte also guten Gewissens sagen, dass Lachen glücklich macht. Und was macht dann noch glücklicher? Selbstverständlich noch mehr Lachen!
Wer in Mönchengladbach gerne mal wieder Spaß haben und Comedy, Kabarett oder Musik- und Live-Programme erleben möchte, der kommt ums Kunstwerk und vor allem um das Rote Krokodil nicht herum. Ob Wilfried Schmickler, Jürgen Becker, Urban Priol oder Kaya Yanar – hier geben sich die Größen der deutschen Comedy regelrecht die Klinke in die Hand.
Beim „Kunstwerk", in dem die Live-Bühne des Roten Krokodils untergebracht ist, handelt es sich um eine außergewöhnliche Wickrather Location mit viel Geschichte. Bis 1986 befand sich in diesem Gebäude nämlich eine der größten Lederfabriken Deutschlands, die Wickrather Lederfabrik. Als das Unternehmen in Konkurs ging, wurde nach neuen Nutzungsmöglichkeiten für die rund 2.500 Quadratmeter umfassende Industrieruine gesucht. Und sie wurden gefunden.
Heute bietet die ehemalige Speicherhalle als Veranstaltungsstätte viel Platz für bis zu 2.200 Personen. Damit gehört sie zu den größten Veranstaltungsorten am Niederrhein und garantiert auch dem Roten Krokodil beste Rundum-Bedingungen. Tolle Atmosphäre, tolles Publikum und ein tolles Team machen seit 2001 Comedy-Abende zu einem echten Erlebnis. Theater, Musik, Feste, Fernsehaufzeichnungen und anderes sorgen für jede Menge Abwechslung und garantieren immer wieder gute Unterhaltung und natürlich jede Menge Endorphine fürs Glücklichsein!

● Rotes Krokodil im Kunstwerk, Wickrathberger Straße 18b, 41189 Mönchengladbach, Tel. (0 21 66) 13 39 30, www.rotes-krokodil.de
● ÖPNV: Bus 016, Haltestelle Am Klingelsberg; Bus 06, 016, Haltestelle Lederwerke

So schön anders!

28 Alles für den Hund im Max & Rosa

Völlig zu Recht heißt es: Ist der Hund glücklich, ist auch Herrchen glücklich. Oder Frauchen. In diesem Sinne entspricht das Max & Rosa auf jeden Fall allen Erwartungen! Denn Bello, Fifi und Waldi bekommen hier jeden Wunsch erfüllt, den man sich als Hundebesitzer(in) nur so vorstellen kann.

Der kleine Concept Store in der Lindenstraße 272 bietet Hundehaltern eine große und umfassende Auswahl an Hunde-Ausstattung: Halsbänder, Leinen, Betten sowie Trainingszubehör und natürlich jede Menge Hundefutter. Zu verdanken hat man dieses Hundeparadies mit Stil der Inhaberin Sandra Overlack, ihrem fundierten Wissen rund um den Hund und ihrer engagierten Beratung des dazugehörigen Menschen.

Doch wer jetzt glaubt, Frauchen und Herrchen könnten hier nichts für sich selbst finden und müssten ohne kleines Mitbringsel für den eigenen Bedarf nach Hause gehen, der irrt gewaltig. Denn im Max & Rosa gibt es nicht nur etwas für unsere vierbeinigen Freunde, sondern ebenso für ihre zweibeinigen Besitzer.

Exklusive Wohnaccessoires vervollständigen nämlich das Angebot im Max & Rosa. Und so kann man auch für sich Decken und Kissen, Be kleidung, vieles rund um die eigenen Gaumenfreuden oder Dekoartikel für laue Sommerabende auf der Terrasse entdecken und mit nach Hause nehmen. Da können sicher nur wenige widerstehen, auch wenn die Auswahl schwerfällt. Es gibt eben viel Schönes für Menschen UND Hund!

Das Max & Rosa – ein echter Glückstreffer also für Hund samt Besitzer! Daher können beide nach einem ausgiebigen Besuch zufrieden und voller Glücksgefühle zusammen nach Hause gehen. So was nennt sich Glück gehabt.

Und wer sich jetzt immer noch fragt, wer eigentlich die Namensgeber Max und Rosa sind: Es sind natürlich Hunde und darüber hinaus hoch geschätzte und motivierte Mitarbeiter des kleinen Geschäftes!

- Max & Rosa House of Living, Lindenstraße 272, 41063 Mönchengladbach, www.maxundrosa.de
- ÖPNV: Bus 008, 010, Haltestelle Annakirchstraße

Geschichte zum Anfassen

29 Stippvisite in der Basilika St. Vitus

Sie macht Eindruck, die Münster-Basilika St. Vitus, wenn man sie zum ersten Mal sieht. Dies verdankt sie unter anderem ihrem mächtigen Eingangsportal und dem imposanten Westturm. Schon um 800 erbaut, wurde sie im Jahr 974 zur Abteikirche der im Jahr 1802 aufgelösten Benediktinerabtei Gladbach. Im Laufe der folgenden Jahrhunderte erfolgten zahlreiche Um- und Neubauten. Unter anderem nach schweren Beschädigungen im Zweiten Weltkrieg. Ab 1947 wurden zahlreiche Erneuerungen vorgenommen, 1950 gab es den ersten Gottesdienst der Nachkriegszeit. Im Jahr 1974, anlässlich der Tausendjahrfeier der Abteigründung, wurde St. Vitus dann zur päpstlichen Basilika minor. Faszinierend, dass die Basilika seit über 1000 Jahren ihren Platz im Herzen Mönchengladbachs behauptet und sich den Zeichen der Zeit entgegenstellt.

TIPP

Unbedingt am Abend einen Besuch zur stimmungsvoll erleuchteten Basilika einplanen – einfach magisch!

Aber nicht nur ihr Alter, sondern auch ihre Ausstattung ist beeindruckend. Das älteste Stück in der Basilika ist der Tragaltar aus dem Jahre 1160, der für Messen außerhalb der Kirche genutzt wurde. Von seiner Sorte existieren weltweit nur noch fünf Stück! Interessant im Boden des Münsters sind eingefügte Druckplatten, gestiftet von einer Druckerei für den Wiederaufbau nach dem Zweiten Weltkrieg, da die Basilika stark zerstört war. Auf einigen der Druckplatten kann man sogar noch Spuren ihres Vorlebens erkennen – zum Beispiel Reklame für einen Magenbitter. Die Krypta, die etwa um 1100 errichtet wurde, ist der älteste Raum der Stadt! Um sie rankt sich sogar eine mysteriöse Teufelssaga: Der Legende nach sollen hier Soldaten mit dem Teufel zuerst um Geld und dann um ihre Seele gespielt haben. Wie zu erwarten, gewann der Teufel, doch als er seinen Gewinn forderte, läuteten die Glocken des Münsters, der Teufel schlug mit der Faust auf die Grabplatte des Heiligen Adelbertus und flüchtete anschließend durch das Fenster hinter dem Sarkophag. Bis heute sind auf der Grabplatte zwei Risse sichtbar, und das Fenster soll sich nicht mehr schließen lassen. Man kann also viel entdecken!

- Münster-Basilika St. Vitus, Abteistraße 41, 41061 Mönchengladbach
www.pfarre-sankt-vitus.de
- ÖPNV: Bus 015, 017, 025 Haltestelle Lüpertzender Straße

Saudade bei Kerzenschein

30 Fado und mehr im Lax Legere

Dass Mönchengladbach weit mehr zu bieten hat als nur typisch Niederrheinisches, wird interessierten Besuchern schnell klar. Dass allerdings auch mitreißende Fado-Abende dazugehören, überrascht den einen oder anderen dann doch.
Tatsächlich lässt sich die Atmosphäre, die an diesen Abenden im Café Lax Legere in der Wallstraße herrscht, nur unzureichend beschreiben. Das muss man am besten selbst erlebt haben. Wie in der portugiesischen Heimat des Fado handeln auch die Lieder bei den Konzerten im Lax Legere von Heimweh, von Abschied und von unglücklicher Liebe – kurz gesagt, von der Saudade, dem Weltschmerz der Portugiesen. Nicht nur ein musikalisches Erlebnis, sondern zugleich ein stimmungsvoller Einblick in die Seele Portugals und der Portugiesen, der zu Herzen geht und es seinen Zuhörern erlaubt, für eine Zeit lang ihre eigene Welt zu vergessen und sich an ferne Orte zu träumen.
Aber nicht nur Freunde der portugiesischen Lebensart freuen sich über ein mitreißendes Angebot. Auch Liebhaber irischer und schottischer Märchen können sich für einige Zeit in eine andere Welt versetzen. Konzerte, Literatur-Lesungen und Kabarett bieten eine abwechslungsreiche Mischung, bei der für jeden etwas dabei ist. Ein ganz schön abwechslungsreiches Programm für die – nach eigenen Angaben – kleinste Bühne der Stadt.
Der Name des Lax Legere erklärt sich übrigens nicht so leicht, wie man vielleicht denkt: „Lax“ steht für die Tochter Laura und Patenkind Max der Inhaberin Daniela Pierzchala. Da passt es gut, dass „lax“ zugleich lässig und lebenskünstlerisch bedeutet. Dazu das kleine Wörtchen „legere“, und schnell wird klar, wofür das Lax Legere steht: für Entspannung und Ablenkung vom Alltagsstress. Tritt man nach einem fazinierenden Fado-Abend im Lax Legere wieder auf die Straße, wird einem unvermittelt bewusst: So fühlt sich Glück an.

- Café Lax Legere, Wallstraße 17, 41061 Mönchengladbach, Tel. (0 21 61) 8 27 79 47 www.lax-legere.de
- ÖPNV: Bus 003, 007, 008, 009, 010, 013, 019, 023, 033, Haltestelle Kapuzinerplatz

Verspannungen ade

31 Wellness bei Baan Boa Massage

Zu einem richtigen Rundum-Glücksgefühl gehört auch körperliches Wohlbefinden. Verspannungen, Schmerzen oder einfach nur eine allgemeine Unzufriedenheit mit dem eigenen Ich sind nicht zuträglich. Was liegt da näher, als sich ab und zu mal eine Auszeit zu gönnen, die speziell der körperlichen Entspannung gewidmet ist? Sich von ausgebildeten Fachkräften die Verspannungen wegmassieren zu lassen, liegt hier sicher ganz weit vorne auf der Wohlfühlskala.
Ein Ort, an dem man sich, seinem Körper und damit auch seiner Seele etwas Gutes tun kann, ist die Baan Boa Massage. Hier wartet eine Palette von Schönheits- und Massageangeboten: Ob Aromaöl-Therapie, Aloe-Vera-Pflegemassage, traditionelle Thai-Massage oder eine revitalisierende Gesichtsbehandlung – danach fühlt man sich garantiert relaxter, leichter und attraktiver!
Doch das alles wäre nur halb so schön, wenn das Drumherum des Geschäftes nicht wäre. Die Räume sind mit typisch asiatischen Accessoires eingerichtet und farblich überwiegend in warmen, dunklen Tönen gehalten, sodass das Gefühl der Entspannung schon beim Eintritt in diese kleine Wohlfühloase beginnt. Unwillkürlich denkt man darüber nach, ob man nicht einige dieser Elemente in den eigenen Alltag einbauen könnte, um ein wenig von diesem Gefühl für daheim zu bewahren.
Doch natürlich braucht es noch viel mehr, um solch eine Wohlfühlatmosphäre zu zaubern, und nicht zufällig wurde Boa Bergmann, die Inhaberin, in Thailand an der renommierten Wat Pho Schule ausgebildet. Sie gilt als die beste Schule für traditionelle Thai-Massage und nimmt seit 1962 interessierte Schüler auf. Die weltbekannte Thai-Massage hat dort ihren Ursprung und gehört, ganz anders als bei uns, zum Alltag. Mit anderen Worten: Wer dort gelernt hat, weiß, was er tut. Davon überzeugt man sich am besten selbst und gönnt sich eine wohltuende Auszeit.

- Baan Boa Massage, Zeppelinstraße 48, 41065 Mönchengladbach, Tel. (0 21 61) 6 60 78 78, www.baanboa.com
- ÖPNV Bus 010, SB1, Haltestelle Zeppelinstraße

Gotcha!

32 Abenteuer in Lost City

Schlechten Tag gehabt? Ärger mit dem Chef? Oder einfach nur mal Lust auf Abwechslung? Dann schnell einen oder mehrere Mitspieler suchen und ab in die Lost City! Denn nirgendwo sonst kann man sich so gut abreagieren wie hier. Und zwar mit dem guten alten Paintballspiel, das in den 80er-Jahren seinen Durchbruch erlebte und heute immer noch gerne bei Teamevents oder aber mit Freunden gespielt wird. Aber schon in den 40er-Jahren wurden Farbmarkierungen zum Kennzeichnen von Bäumen und später von Rindern, Kühen und Pferden genutzt. Da war der Weg zum spielerischen Markieren von Menschen nicht weit. Das Action-Spiel mit den Farbpatronen war geboren und wurde stetig weiterentwickelt.

In Mönchengladbachs Lost City kann man zwischen fünf unterschiedlichen Szenarien wählen. Tatsächlich wirkt das Spielgelände wie eine echte „verlorene Stadt“: Auf 10.000 Quadratmetern Fläche bieten Bauwagen, alte Autos und Holzhäuser abwechslungsreiche Deckungen – ein einziger großer Abenteuerspielplatz, der erobert werden will. Um die richtige Ausrüstung braucht man sich zumindest keine Gedanken zu machen – die wird gestellt. Immerhin steht Sicherheit an erster Stelle. Aber wer glaubt, beim Paintball wäre es mit Drauflosballern getan, der irrt. Schnell zeigt sich nämlich, dass neben ein wenig körperlicher Fitness vor allem die richtige Taktik gefragt ist.

Paintball ist möglicherweise nicht für jedermann etwas, aber für jeden, der sich mal austoben möchte und Freude an Teamspielen hat, sind Spaß und Glückgefühle garantiert. Action und Adrenalin sind eben echte Glücksgaranten. Deshalb sollte man es ruhig einmal wagen, auch als Anfänger.

Und wer nach vier Stunden Paintball, übersät mit bunten Treffern und dem einen oder anderen leicht schmerzenden blauen Fleck auf der Haut, wieder in seinen Alltag zurückkehrt, der hatte meist jede Menge Spaß und verlässt Lost City mit einem Lächeln auf den Lippen.

- Lost City, Lürriper Bruchweg 85, 41065 Mönchengladbach, Tel. (0 21 61) 9 37 87 22 www.playpaintball.de/lostcity
- ÖPNV: S-Bahn S8, Bus 005, Haltestelle Mönchengladbach-Lürrip S-Bf.

Natur pur

33 Relaxen im Volksgarten

Bei manchen Orten spürt man auf Anhieb, wie gut sie Körper und Geist tun und wie wohl man sich bei ihrem Besuch fühlt. Ihre Atmosphäre ist friedlich und ruhig. Solch ein Ort ist der Volksgarten in Mönchengladbach.

Es war der ansässige Unternehmer Peter Krall, der Ende des 19. Jahrhunderts dieses grüne Paradies seiner Heimatstadt schenkte. Er stellte damals jedoch eine Bedingung, die sich auf der Schenkungsurkunde nachlesen lässt: „Das Gelände soll jedem Mönchengladbacher Bürger öffentlich zugänglich sein und den Namen Volksgarten tragen." Glücklicherweise erfüllte man ihm seinen Wunsch, und so können sich bis heute Besucher über diese grüne Oase mitten in der Stadt freuen.

Seit 1962 steht der Park mit seinen majestätischen Buchen und Eschen unter Naturschutz und wird durch sein Wahrzeichen – den großen Weiher, an dessen Ufer es viele individuelle Lieblingsorte zu erkunden gibt – bestimmt. Idyllisch ist auch die kleine Jugendstilbrücke, Vogelbrücke genannt, die früher auf eine Insel im Weiher führte, mittlerweile aber zum Schutz der Natur gesperrt ist. Das hat natürlich seinen Grund, denn der Volksgarten ist zugleich ein Paradies für Rehe, Hasen, Füchse, Eisvögel, Spechte und Nachtigallen. Ein gelungenes Neben- und Miteinander von Zwei- und Vierbeinern.

TIPP

Im Restaurant Salinas gibt's leckeren Cappuccino und mehr.

In heißen Sommern sorgen der Weiher und die großen Bäume für angenehme Kühle und laden auf schönen Rundwegen zu einem Spaziergang ein. Viele Mönchengladbacher kennen den Volksgarten schon aus ihrer Kindheit und kommen immer wieder gerne her – jetzt mit ihren eigenen Kindern oder sogar Enkeln. Ein echter Volksgarten, denn inmitten des Grüns kann man Energie tanken und seine Batterien aufladen! Besonderes Glück hat man, wenn man eines der kleinen Open-Air-Konzerte erleben kann, die im Sommer in der Konzertmuschel stattfinden. Traumhaft!

- Volksgarten, 41065 Mönchengladbach
- ÖPNV: Bus 005, Haltestelle Volksgarten Restaurant/Bungtstraße/Bungt/Volksbad

Traumautos für jedermann

34 Adrenalin pur bei SimRacing

Ein weit verbreiteter Lebenstraum – besonders unter Männern – soll es ja sein, einmal selbst ein Rennauto zu steuern. Die Chance, dies realisieren zu können, ist allerdings eher gering. Ein Glück also, dass es noch andere Möglichkeiten gibt, Rennfeeling hautnah zu erleben. Und zwar in einer Simulation.

Sim Racing Mönchengladbach bietet die Chance: An insgesamt sechs Simulatoren warten 50 berühmte Rennstrecken darauf, gemeistert zu werden. Darunter die Nordschleife des Nürburgrings und die Strecken von Monza, Spa, Silverstone und Imola. Nicht ganz unwichtig sind auch die zur Verfügung stehenden Fahrzeuge, insgesamt rund 250 unterschiedliche: darunter Supersportwagen, Tourenwagen und Klassiker. Alfa Romeo, Lotus, McLaren, Chevrolet, Ferrari und Bentley sind nur einige.

Anfänger sind dabei ebenso willkommen wie Mehrfach-Täter – schließlich geht es darum, im wahrsten Sinne des Wortes zu „erfahren", wie es sich anfühlt, ein Rennfahrer zu sein. Das geht sogar ganz ohne Führerschein. Um Lenkrad und Pedale bedienen zu können, ist allerdings eine Mindestkörpergröße von 1,45 Meter nötig.

Hat man dann all seinen Mut zusammengenommen, sich für Fahrzeug und Strecke entschieden und eine Einführung bekommen, kann es endlich losgehen. Der Fullmotion-Rennsimulator der Spitzenklasse macht es möglich und vermittelt das Gefühl, in einem richtigen Rennwagen auf einer echten Rennstrecke zu sitzen. Dementsprechend wird der Fahrer in seinem Sitz durchgerüttelt und geschüttelt. Selbstverständlich mit passender Geräuschkulisse, denn die gehört bei einer realitätsnahen Simulation auf jeden Fall dazu. So vergisst man schnell mal, dass man eigentlich „nur" in einer Nachbildung sitzt. Auch wenn einem am Ende jedes Rennens wieder die Rückkehr ins eigene Auto bevorsteht, ist eines jedoch ganz offensichtlich: Hier werden (Renn-)Träume wahr!

● SimRacing Fuchs, Rudolfstraße 10c, 41068 Mönchengladbach, Tel. (0 21 61) 3 08 98 89, www.simracing-mg.de

● ÖPNV: Bus 015, 025, Haltestelle Waldhausener Höhe, Bus 005, 013, 015,023,025, Haltestelle Burggrafenstraße

Hier geht's um die Bohne!

35 Kaffeepause in der Arista Kaffeerösterei

Schon an der Eingangstür wird man vom Duft nach frisch aufgebrühtem Kaffee empfangen. Alleine deshalb ist das Arista jederzeit einen Besuch wert. Vor allem Kaffeeliebhaber und -kenner aus Überzeugung wissen, was dieses Aroma mit einem Menschen anstellen kann. So kommen einem unwillkürlich Erinnerungen an traumhafte Stunden bei einer Tasse Kaffee in den Sinn und Glücksgefühle werden freigesetzt. Völlig zu Recht, denn Fans der braunen Bohne kommen hier ins Schwärmen. Espresso aus El Salvador, Jamaica Blue Mountain Kaffee und Bio Ecuador Galapagos Kaffee – dies sind nur einige der Kaffeespezialitäten, die auf ihre Liebhaber warten. Dazu noch das richtige Zubehör, und dem Genuss zu Hause steht nichts mehr im Weg.
Doch obwohl der Schwerpunkt auf einer großen Auswahl unterschiedlichster Kaffeesorten aus aller Welt liegt, lohnt es sich immer, darüber hinaus einen Blick auf die Angebote rechts und links zu werfen, denn Feinschmecker finden hier noch vieles mehr wie Olivenöl, zahlreiche Essigvarianten, Gewürze etc. Ein Eldorado für all diejenigen also, die ihrem Geschmackssinn in jeder Hinsicht etwas Gutes tun möchten.
Dazu gehört auch, sich die Zeit für einen Kaffee oder Cappuccino vor Ort zu nehmen und sowohl das Ambiente als auch die Köstlichkeiten auf sich wirken zu lassen. Sich eine kleine Pause im hektischen Alltag gönnen, mit Gleichgesinnten ein wenig plaudern und die Zeit vor der Tür mal alleine weiterlaufen lassen – hier ist das möglich!
Erdacht und gegründet wurde dieser kleine Glücksort von Ulrike Ohler, die ihre Leidenschaft für guten Kaffee zum Beruf gemacht hat. Ein echtes Glück für ihre Kunden, die sie so an ihrer Liebe teilhaben lässt. Wer einmal einen guten Tipp in Sachen Kaffee gebrauchen kann, der ist hier gut aufgehoben! Einfach mal nachfragen und dem Rat der Fachfrau vertrauen.

- Arista Kaffeerösterei, Albertusstraße 6, 41061 Mönchengladbach, Tel. (0 21 61) 5 67 06 31, www.arista-kaffeeroesterei.de
- ÖPNV: Bus 003, 007, 008, 009, 010 u. a., Haltstelle Galeria Kaufhof

Immer an der Wand lang

36 Auf den Spuren der Stadtmauer

Streift man am Rande der Mönchengladbacher Innenstadt mit offenen Augen durch Abteigarten und Geropark, stößt man immer mal wieder auf die eindrucksvollen Zeugnisse der bewegten Vergangenheit dieser Stadt. Dazu zählt die ehemalige Stadtmauer. Fertiggestellt 1388, schützte sie rund fünf Jahrhunderte lang mit ihren insgesamt drei Stadttoren und zwölf Türmen den mittelalterlichen Stadtkern vor feindlichen Angriffen. Als im 18. Jahrhundert ihre Schutzfunktion zunehmend an Bedeutung verlor, teilte sie das Schicksal vieler Baudenkmäler – sie verfiel mehr und mehr. So sind heute von der ehemals etwa sechs Meter hohen und ein Meter dicken Mauer leider nur noch einige wenige Reste zu bestaunen – im Geropark zwischen Weiherstraße und Hittastraße sowie im Abteigarten. Auch einige Überbleibsel der Türme, zum Beispiel der Dicke Turm, lassen sich erkunden.
Genau das macht es ausgesprochen reizvoll, auf dem Altstadtrundweg mit seinen insgesamt 23 Stationen dem alten Verlauf der Stadtmauer zu folgen und dabei denkmalgeschützte Überreste zu entdecken. So bekommt man eine gute Vorstellung davon, wo und wie die frühere Stadtgrenze verlief, und hat viel Spaß daran, zwischen all dem Grün nach den alten Steinen zu suchen. Hinweistafeln helfen auf der Reise in die Vergangenheit. Folgt man, ausgehend vom Markttor, der ersten Sehenswürdigkeit, dem Altstadtrundweg, stößt man in seinem Verlauf immer wieder auf historische Zeugnisse innerhalb des alten Mauerrings. Wie zum Beispiel den Kapuzinerplatz, die evangelische Christuskirche, erbaut von 1845 bis 1852, und das St. Vith aus dem 17. Jahrhundert, damals wie heute ein Gasthaus. Es zählt zu den ältesten nicht kirchlichen Gebäuden der Stadt, und wie es sich für alte Gebäude gehört, soll es hier sogar Geheimgänge geben! Die kann man zwar nicht erkunden, aber trotzdem sollte man sich die Zeit für eine Pause und vielleicht ein kleines Bier im traditionsreichen St. Vith nehmen. Weitere Stationen des Altstadtrundweges sind der Dicke Turm, die Propstei und natürlich als Endpunkt die Rathaus-Abtei, die sich allerdings im Zentrum des Altstadtrundwegs befindet.

- Start des Altstadtrundwegs „Am Markttor", Sandradstraße 10, 41061 Mönchengladbach
- Bus 008, 009, 010, 019, Haltestelle Parkstraße

DICKER
TURM

Service rundum

37 Kleidung probieren in der Fashionbox

Wer schon einmal Kleidung online bestellt hat, kennt das Prozedere nur allzu gut: Paket abholen, Kleidung auspacken, anprobieren und – falls es nicht gefällt oder passt – alles wieder einpacken und zum nächsten Paketshop oder zur nächsten Packstation bringen. Genau dieses Hin und Her würde man am liebsten vermeiden.
In Mönchengladbach hat man sich dazu Gedanken gemacht, und herausgekommen ist dabei – die Fashionbox. Das Konzept ist einfach und trotzdem irgendwie genial: In einem Ladenlokal wurde ein digitales Abhol- und Testcenter für online bestellte Kleidung eingerichtet. Mit der zugehörigen App kann man sich die bestellte Ware direkt an die Paketstation der Fashionbox liefern lassen. So weit normal und nichts Außergewöhnliches. Doch was dann kommt, ist keineswegs normal: An die Paketstation sind zwei Umkleiden angeschlossen, in denen man die bestellte Kleidung direkt anprobieren kann. Über einen digitalen Spiegel ist es sogar möglich, das neue Outfit live mit Freundinnen und Freunden übers Smartphone zu teilen und sich deren Meinung einzuholen. Letzteres geht natürlich auch direkt vor Ort, sofern man eine Beraterin dabeihat, denn man ist auf Gäste eingerichtet.
Gefällt oder passt einem die gelieferte Ware nicht, kann man sie sofort wieder einpacken und zurückschicken. Sogar Verpackungsmaterial ist vorhanden. Das bedeutet kein Paketeschleppen und kein Hin- und Herfahren. Positiver Nebeneffekt dieses Services: So kommen auch Bestellkunden wieder in die Innenstadt.
Übrigens: Während man sich alleine oder in Begleitung überlegt, ob man das eine oder andere Kleidungsstück behalten oder doch lieber retournieren möchte, kann man sich die Entscheidung mit leckerem Gebäck versüßen. Auch andere Start-ups und junge Modeunternehmen präsentieren sich hier monatlich wechselnd. Da hat man immer was zu gucken! Und genau dieser Service macht tatsächlich glücklich!

● Fashionbox, Hindenburgstraße 12, 41061 Mönchengladbach, Tel. (0 16 2) 2 01 26 24, www.fashionbox.mg
● ÖPNV: Bus 003, 007, 008, 009, 010 u. a., Haltestelle Alter Markt

Festtagsstimmung

38 Weihnachtsspaziergang in der Webersiedlung

Was macht der Mönchengladbacher in der Vorweihnachtszeit? Ganz klar – er besucht den Weihnachtsmarkt, und er spaziert durch die Webersiedlung in Neuwerk. Denn im ehemaligen Arbeiterviertel, das von 1927 bis 1929 erbaut wurde, erstrahlen seit den 80er-Jahren jedes Jahr in allen Gärten Weihnachtsmänner, Weihnachtsbäume, Sterne und Rentiere in festlichem Lichterglanz und lassen sich nur allzu gerne von Besuchern bestaunen.

Angefangen hat alles ganz bescheiden – mit einer einzigen hölzernen Sternschnuppe. Die fand so viele Bewunderer, dass schnell Sterne, Bäumchen und Glocken folgten, die zum Teil immer noch verwendet werden. So kam es, dass man heute manchmal gar nicht weiß, wo man zuerst hinschauen soll. Manche Ecken erinnern sogar ein wenig an die Weihnachtsbeleuchtungen, wie man sie aus den USA kennt. Aber an Weihnachten darf es ja ruhig ein bisschen mehr sein, oder?

Beim Schlendern durch die Straßen erkennt man rasch, wie viel Kreativität und Liebe zum Detail bei den Dekorationen im Spiel sind. Mittlerweile tragen fast alle Bewohner zum weihnachtlichen Highlight bei, und sogar neu Zugezogene werden von Anfang an integriert. Das Ganze ist also nicht nur schön anzusehen, sondern fördert den Zusammenhalt in der Nachbarschaft. Was könnte den Geist der Weihnacht mehr symbolisieren?

Am besten lässt man bei seinem Besuch das Auto etwas außerhalb stehen, denn sonst wird es in den schmalen Straßen zu eng. Und zu Fuß macht es doch sowieso viel mehr Spaß! Der perfekte Start für eine Tour ist z. B. der Weberplatz, auf dem sich auch der Weihnachtsbaum befindet. In der Spinnerstraße steht eine Bank für Verliebte. Hier lassen sich tolle Erinnerungsfotos schießen! Wer dann noch keine romantische Weihnachtsstimmung empfindet, der ist möglicherweise einfach kein Weihnachtstyp.

Die Webersiedlung ist ein echter Geheimtipp, der zur Weihnachtszeit echtes Glückspotenzial hat.

- Webersiedlung, Weberplatz, 41066 Mönchengladbach
- ÖPNV: Bus 005, Haltestelle Weberstraße

Frisch und frischer

39 Einkaufen auf dem Rheydter Wochenmarkt

Knackiges Obst und Gemüse, Milch und Käse, Backwaren, Fisch und Fleisch aus der Region – Wochenmärkte sind immer etwas ganz Besonderes, denn das Angebot ist meist vielfältig und vor allem frisch. Da ist nicht nur das Auge erfreut, sondern erst recht der Gaumen. Es ist halt ein Erlebnis für alle Sinne. Dies gilt natürlich auch für die Produkte auf dem Rheydter Wochenmarkt. Jeden Mittwoch und Samstag bauen über 40 Händler ihre Stände auf und bieten vor der Kulisse des historischen Rathauses und der evangelischen Hauptkirche ihre Waren an.
Zwischen den Ständen langsam hin und her zu schlendern, sich Zeit zu nehmen, um Obst und Gemüse genauer in Augenschein zu nehmen oder neue Leckereien zu probieren – das entspannt. Denn meist bleiben ja noch einige Minuten für einen kleinen Plausch mit alten Freunden oder neuen Bekannten. Hier kauft jeder gerne ein – der Rentner genauso wie die Hausfrau, Berufstätige in der Mittagspause oder Schüler, die sich noch schnell einen Snack gönnen, bevor es dann doch nach Hause geht.
Insbesondere im Frühling und Sommer genießt man an den Samstagen die Zeit draußen und freut sich über das abwechslungsreiche Drumherum wie Biergarten und Boulebahn. Dabei denkt kaum einer daran, dass dieser Wochenmarkt schon über 186 Jahre alt ist und seit 1836 auf dem Rheydter Marktplatz stattfindet. Dies ist sicher auch darauf zurückzuführen, dass man vor allem in den letzten Jahren immer darum bemüht war, den Markt mit speziellen Angeboten wie schlesischen Spezialitäten, spanischen Churros und Gulaschkanone für Besucher attraktiv zu halten.
Kann man es dann noch einrichten, den Markt am ersten Samstag im Monat zu besuchen, dann hat man die Chance, ein halbstündiges kostenloses Orgelkonzert der evangelischen Hauptkirche zu erleben. Was für eine Zugabe! So ein Vormittag auf dem Rheydter Wochenmarkt macht immer wieder glücklich.

- Rheydter Wochenmarkt, Markt, 41236 Mönchengladbach
- ÖPNV: Bus 016, 019, Haltestelle Rheydt Markt; Bus 004, 006, 008, 097, Haltestelle Rathaus Rheydt

Bund Rote Rüben
Kohlrabi
Bund Karotten
Paprika Gelb
Spitzpaprika
Zucchini
Auberginen
Strauch-Tomaten
Sizilien
€ 4 90 KG
bestes Aroma
„Kakao" Tomaten
7 90 KG

Paddeln auf der Niers

40 Ausflug nach Süchteln

Wie könnte er aussehen, der perfekte Tag, beispielsweise an einem schönen Wochenende im Sommer? Wer im Großraum von Mönchengladbach zu Hause ist, der hat da meist eine Idee. In Erkelenz entspringt nämlich das Flüsschen Niers, das nach rund 100 Kilometern in die Maas bei Gennep in den Niederlanden mündet. Auf ihrem Weg durchquert das Gewässer auch das Stadtgebiet von Mönchengladbach. Ein Glücksfall, denn die Niers bietet die Möglichkeit, ihrem Lauf mit dem Kanu zu folgen und die Niederrhein-Landschaft von der Wasserseite aus zu erkunden.

Um sich dem nassen Element zu überlassen, braucht es keine Vorkenntnisse, und man benötigt nicht mal ein eigenes Boot. Ersteres kommt mit der Übung und Letzteres kann man mieten. In und um Mönchengladbach herum organisieren einige Kanu- und Kajakverleiher Paddeltouren auf der Niers. Dies hat den Vorteil, dass – je nach Vereinbarung – auch die Rückfahrt zum Ausgangspunkt gesichert ist. Eine beliebte Einstiegsstelle für Paddeltouren liegt zum Beispiel in Viersen-Süchteln an der Tönisvorster Straße.

Nach Anreise, Vorbereitung und kurzer Einweisung kann es losgehen. Was sich im ersten Moment ein wenig wacklig anfühlt, klappt von Minute zu Minute besser. Und kaum hat man sich mit dem Kanu, den Paddeln und sich selbst zurechtgefunden, stellt sich ein Gefühl des Friedens ein. Lautlos gleitet man vorbei an verwunschenen Wäldern, saftig-grünen Wiesen, Wassermühlen und Schlössern. Das Herz schlägt langsamer, der Atem wird ruhiger und man wird beinahe eins mit der Umgebung. Je länger man fährt, umso mehr nimmt man wahr: Die Libellen auf der Wasseroberfläche, Bisam und Nutria, die an den Böschungen graben, als wäre man nicht anwesend und sogar Flussbarsch, Steinbeißer und Bitterling lassen sich im Wasser erspähen.

Da fragt man sich schnell, warum man nicht schon viel eher auf die Idee gekommen ist und dieses kleine Abenteuer gewagt hat. Die Niers ist ein echter Glücksort und genau richtig für den perfekten Tag!

- Einstiegsstelle Niers, Tönisvorster Straße/Niersbrücke, 41749 Viersen-Süchteln www.niers-spass.de
- ÖPNV: Bus 064, 066, 083 Haltestelle Süchteln-Niederstraße

Fantasievolle Backwaren

41 Köstliches aus der Bäckerei Held

Was macht viele von uns am frühen Morgen glücklich und fit für den Tag? Richtig: Eine Tasse Kaffee und … frische Brötchen oder Croissants. Doch traditionelle Bäckereien, die einen schon an der Tür mit dem unwiderstehlichen Duft nach frisch gebackenem Brot und Brötchen begrüßen, sind selten geworden. Stattdessen stößt man an jeder Ecke auf Backwarenketten, die zwar eine gleichbleibende Qualität garantieren, deren Angebot sich aber weniger durch Kreativität und Individualität auszeichnet.

Doch in Mönchengladbach-Giesenkirchen findet sich noch ein kleines Bäckerei-Juwel. Die Bäckerei Held begeistert seit 110 Jahren mit köstlichem Backwerk. Da ist es mit „schnell mal zum Bäcker fahren" nicht getan. Denn bei diesem Angebot fällt die Auswahl alles andere als leicht: Baguettebrötchen, Mohnbrötchen, Röggelchen, Knusperkrüstchen, Malzkorn, Müsli- und Chia-Brötchen warten alle auf ihre Käufer! Das sollte man erst einmal auf sich wirken lassen. Und eigentlich bleibt einem da nur eins: öfter wiederkommen und durchprobieren. Aber bitte nicht beschweren, wenn sich der süße Genuss auf den Hüften wiederfindet! Schließlich kann man sich nur einen Überblick verschaffen, wenn man alles selbst gekostet hat.

Zum Beispiel die Leckereien zu besonderen Gelegenheiten! Dann laufen die kreativen Bäcker zu absoluter Hochform auf: Ob frische Spekulatius, Maronen, Tortenstücke wie „Frosty the snowman" und „Oh Christmas tree", köstliche „Dolle" zu Karneval oder fröhlich bunte Torten zur Erstkommunion – die Fantasie des Teams scheint keine Grenzen zu kennen. Und noch besser: All das sieht nicht nur super aus, sondern schmeckt auch noch! Wer hier nichts findet ist – mit Verlaub – selber schuld!

Immerhin stehen dahinter 110 Jahre Backtradition. 1906 gründete das Ehepaar Schoenen die Bäckerei, die bis heute in Familienbesitz ist. Und auch wenn sich der Name geändert hat – die Brötchen schmecken immer noch. Echtes Backhandwerk eben und zu 100 Prozent ein Rundum-glücklich-Angebot!

- Bäckerei Held, Am Sternenfeld 63, 41238 Mönchengladbach, Tel. (0 21 66) 8 74 29 www.baeckerei-held.de
- ÖPNV: Bus 020, 021, 022, Haltestelle Zoppenbroicher Straße

Modernes trifft Gründerzeit

42 Herrschaftliches Flair im Haus Irskens

Unter der Adresse Sittardstraße 63 finden Besucher eine denkmalgeschützte Villa im Stil des „Neuen Bauens". Ehemals bekannt als „Haus Irskens" wurde die eindrucksvolle Stadtvilla später „Haus Magnolia" genannt – nach dem herrlichen Magnolienbaum im Garten, der der Hausherrin mutmaßlich zum Einzug geschenkt wurde. Erbaut wurde das Haus in den 1930er-Jahren für den Textilfabrikanten Michael Irskens, geplant von dem Architekten Hubert Rademacher, dessen Bauten durch das Neue Bauen geprägt waren. Zu dieser Zeit so ein Gebäude im Gründerzeitviertel von Mönchengladbach zu planen, war ausgesprochen ungewöhnlich.

Beim Anblick des eindrucksvollen Backsteingebäudes fällt auf, dass es mit seinen ungewöhnlich klaren Linien und Formen an den Rumpf ehemaliger Kreuzfahrtschiffe erinnert. Und tatsächlich sollte es damit den Aufbruch in eine neue Zeit symbolisieren. Ganz im Stil der Stromlinien-Moderne, eines dem Art déco verwandten Stils. Besonders ins Auge fällt der runde Erker, der drei Geschosse umfasst und dabei an einen Schiffsbug erinnert.

Innen punktet die Villa mit jeder Menge Luxus, der für die damalige Zeit eher ungewöhnlich war: Dazu gehörten Zentralheizung, Badezimmer inklusive Toilette, sogar eine Garage gab es. Ganz schön zukunftsweisend, denn zu dieser Zeit hatte schließlich nur jeder 50. ein Auto. Auch die durchdachte Aufteilung und die perfekte Gestaltung der Räume begeistern: Alles hat die richtige Größe, wird den ganzen Tag von Licht durchflutet und passt perfekt zueinander. Die jetzigen Besitzer renovierten behutsam und mit viel Sinn für die Epoche. Herausgekommen ist ein Schmuckstück, das seinesgleichen sucht.

Schon von außen ist die Stadtvilla ein toller Anblick, der einen in vergangene Zeiten versetzt. Besonders viel Glück hat man aber, wenn die Villa Magnolia die Türen für ihren beliebten Garagentrödel öffnet. So kann man nicht nur einen kleinen Blick hinter die Mauern erhaschen, sondern auch immer wieder schöne Dinge ergattern.

● Haus Irskens/Villa Magnolia, Sittardstraße 63, 41063 Mönchengladbach
● ÖPNV: Bus 001, 015, 025, 089, Haltestelle Kaiser-Friedrich-Halle

Einfahrt
freihalten!

Auf den Spuren Napoleons

43 Unterwegs auf der Fietsallee

Ein kleiner Mann soll er gewesen, der Napoleon Bonaparte, zumindest was die Körpergröße betrifft. Für seine Pläne galt allerdings genau das Gegenteil: Groß, größer, am größten trifft es eher. Und so plante er um 1806 den Nordkanal, auch Grand Canal du Nord genannt, zwischen dem Seehafen Antwerpen, der Maas und dem Rhein. Gebaut wurden allerdings nur Teilstücke, doch heute lässt sich die Geschichte der Wasserstraße über 100 Kilometer weit mit dem Fahrrad erkunden. Schließlich macht auch Fahrradfahren glücklich! Dass allerdings „sein" Kanal mal als Leitlinie für eine beliebte Radroute dienen würde – damit hätte Napoleon wohl nicht gerechnet.

Tatsächlich führt die sogenannte „Fietsallee" von Neuss, Kaarst, Korschenbroich und Willich über Mönchengladbach, Viersen, Grefrath, Nettetal und Straelen auf deutscher Seite und weiter über Venlo Maasbree, Helden und Meijel bis nach Nederweert auf niederländischer Seite. Markiert wird die Strecke durch ein blaues Band als Bodenmarkierung oder durch Stelen. Auch die geplante Strecke des Nordkanals ist erkennbar durch orange-weiße Markierungsstangen – da kann man sich gar nicht verfahren. Entstanden ist sie anlässlich der EUROGA 2002, und 2009 wurde sie Radroute des Jahres in NRW. In Mönchengladbach trifft man am Klärwerk Neuwerk an der Niersdonker Straße auf den beliebten Radwanderweg.

TIPP

Geocacher können an der Fietsallee einige Schätze aufspüren!

Die Strecke führt nicht nur durch schöne Landschaften, sondern vorbei an Zeugnissen des Nordkanal-Baus wie Kanalbecken, Schleusen mit Wärterhäuschen und alten Straßennamen, die noch aus Napoleons Zeiten stammen und ein Bild der damaligen Zeit vermitteln. Infotafeln am Rande der Strecke erzählen Wissenswertes rund um den Kanal und weisen auf landschaftliche Attraktionen sowie Sehenswürdigkeiten hin. So kann man immer mal wieder Abstecher machen oder eine kleine Rast einlegen, um wieder zu Atem zu kommen oder um zu picknicken. Ein absolutes Highlight für Radelbegeisterte!

- Fietsallee am Nordkanal, Start: Parkplatz Donker Straße 321, 41066 Mönchengladbach, www.nordkanal.net
- ÖPNV: Bus 015, Haltestelle Donk Wendeplatz (ca. 1 km zu Fuß)

Virtuelle Welten

44 Willkommen im Holocafé

Die reale Welt hinter sich lassen, in eine andere Realität wechseln, in imaginäre Räume eintauchen – an manchen Tagen wünscht man sich nichts sehnlicher. Genau die richtigen Tage für einen Besuch im Holocafé Mönchengladbach.

Denn im Virtual-Reality-Café mit spacigem Ambiente warten die unterschiedlichsten imaginären Welten auf realitätsmüde Besucher: Ob Escape oder Grusel-Games voller Action, Fantasie, Rätsel und Spaß. Neben Spielen namhafter Hersteller sind auch vom Holocafé-Team selbst entwickelte Games spielbar – insgesamt 20 an der Zahl. Fun Factory, Pulse, Prince of Persia, Jungle Quest, Ghost Patrol und Ragnarök sind nur einige der Spiele, die auf Player warten.

Also, Brille auf, ran an die Steuerung und los geht's! Im Holocafé stehen drei Spielflächen zur Verfügung, eine mit 100 Quadratmetern und zwei mit einer Fläche von 30 Quadratmetern. So können sich immer mehrere Spieler auf einer Fläche austoben, und weil es keine Verkabelung gibt, ist man in seinen Bewegungen völlig frei. Das bedeutet aber nicht, dass man völlig alleine ist. Im Gegenteil: Im Holocafé Mönchengladbach kann man nämlich auf dem „Shared Space" spielen. Das heißt, man trifft sich in der virtuellen Welt genau dort, wo man in der physischen Welt unterwegs ist. Auf diese Weise kann man zusammenarbeiten und sich gegenseitig beim Rätsellösen oder in abenteuerlichen Situationen unterstützen. Das verleiht dem virtuellen Abenteuer einen ausgesprochen realen Anstrich und ermöglicht ein besonders überzeugendes Eintauchen ins jeweilige Spiel. Und wer wäre nicht mal gerne der Held in seinem eigenen Abenteuer? Hierbei den normalen Alltag für einige Zeit vergessen, neue Welten erkunden und unterschiedliche Realitäten erleben – das macht glücklich! Zumindest für 30 oder 60 Minuten – je nach Dauer des Spiels. Damit die Rückkehr in den Alltag nicht ganz so schwerfällt, kann man im Café anschließend einen Kaffee trinken und ins eigene Leben zurückfinden.

- Holocafé, Am Minto 3, 41061 Mönchengladbach, Tel. (0 21 61) 2 98 79 66 www.holocafe.de
- ÖPNV: Bus 003, 007, 008, 009, 010, 013, 019, 023, 033, Haltestelle Am Minto

Luxus-Schnitte

45 Zu Besuch bei Herrn Feldmann

Zu schreiben, dass Herr Feldmann ein Damen- und Herrenfriseur ist, wäre leicht untertrieben. Rein sachlich richtig, aber dennoch untertrieben. Denn natürlich ist Herr Feldmann viel mehr – er ist Barbier. Also einer jener traditionellen Herrenfriseure, die sich früher um Haar und Bart gekümmert haben.

Feldmanns Motto: Hier kann sich der Herr von heute wohl- und verstanden fühlen. Das braucht natürlich Zeit, Beratung und Liebe zum Detail bei der Umsetzung. „Schnell mal Haare schneiden" ist anders. Aber ob Haar, Bart oder Zweithaar – Herr Feldmann ist der Richtige! Wie es sich gehört, ist er selbst mit seinem gepflegten Vollbart natürlich seine beste Werbung. So wird der Besuch beim Friseur schnell und unspektakulär zu einer kleinen Auszeit vom Alltag. Dazu trägt das Ambiente bei: schick, klassisch und ganz schön oldschool. Und eventuell auch ein kleines bisschen das Hensen-Brauerei-Bierchen als Alternative zum Kaffee.

Nimmt man in einem der klassischen Kundenstühle Platz, so begibt man sich vertrauensvoll in die Hände eines Profis, der in der Welt weit herumgekommen ist und seine Fachkenntnisse unter anderem in New York erworben hat. Daher tut man gut daran, auf seinen Rat zu hören und ihn machen zu lassen. Immerhin ist er ein Meister seines Fachs und perfekt im Umgang mit der Schere. Aber auch die anderen Mitglieder des Feldmann-Teams verstehen ihr Handwerk – also keine Angst, sondern ruhig vertrauen.

Damen sind übrigens herzlich willkommen. Doch keine Sorge, liebe Männer: Sie werden in einer eigens abgetrennten Ladies Corner betreut, damit ihr weiter unter euch sein könnt. Hier kümmert sich – nicht schwer zu erraten – Frau Feldmann um die Wünsche der Kundinnen. Und verlässt man dann den Salon – beschwingt und mit neuer Frisur oder neuem Schnitt –, so ist man frisch gestärkt und bereit für alles, was kommt. Danke, liebe Feldmanns!

- Herr Feldmann, Wallstraße 14, 41061 Mönchengladbach, Tel. (0 21 61) 4 62 27 77 www.herrfeldmann.de
- ÖPNV: Bus 003, 007, 008, 009, 010 u. a., Haltestelle Kapuzinerplatz und Museum Abteiberg

Kleine Kunstwerke

46

Unikate im Art.Style.Living

Aller guten Dinge sind drei. Das zeigt sich auch im gemeinsamen Geschäft dreier Künstler, die sich entschlossen haben, ihre stilvollen Bilder, individuellen Möbelstücke und außergewöhnlichen Schmuckstücke gemeinsam an den Mann und die Frau zu bringen.
Schon bei einem Blick von außen in den kleinen Laden von Art.Style.Living lässt sich erkennen, dass man hier mehr erwarten darf als die üblichen dekorativen Wohn-Accessoires. Und das Ladeninnere hält, was das Schaufenster verspricht. Denn jedes der kleinen Kunstwerke, die man käuflich erwerben kann, ist ein handgemachtes Unikat.
Auf den ersten Blick fallen die Holzobjekte von Frank Jennes ins Auge, der ausschließlich Hölzer aus alten Fachwerkhäusern verwendet und sie mit Glas, Stahl und Licht kombiniert, sodass einzigartige Exponate entstehen. Wundervoll anzusehen sind die Schmuckstücke der Goldschmiedin Sabine Günnewig: Sie bestechen mit ihrer fantasievollen Kombination aus Edelsteinen, Silber und Metall, die oft zu Kugeln unterschiedlicher Größe und Farbe verarbeitet werden. Individueller und hochwertiger Schmuck für jeden Tag und besondere Gelegenheiten.
Die Werke der Holzkünstlerin Sonja Kreutzer, deren enge Verbindung zu ihrem Werkstoff Holz schon mit ihrer Ausbildung als Baumschulmeisterin begann, sind echte Hingucker. Bei ihnen steht die Struktur des Holzes im Vordergrund, die immer neu in Szene gesetzt wird.
So finden sich in einem ansprechenden Ambiente edle Schmuckstücke neben schönen, schlichten Lampen aus alter Eiche und kunstvollen Baumdrucken wieder. Eine wunderbare Zusammenstellung zauberhafter Meisterwerke, die nicht nur schön aussehen, sondern auch einen Vorteil haben: Man kann sie mit nach Hause nehmen, und sie sind sogar erschwinglich.
Wem all das noch nicht genug ist, der hat bei Art.Style.Living außerdem die Chance, weitere Künstler kennenzulernen, denen immer mal wieder die Möglichkeit geboten wird, ihre Werke vorzustellen.

TIPP

Direkt nebenan gibt es bei EikenArt handgemachte Taschen und Accessoires aus Leder.

- Art.Style.Living, Wallstraße 13 a, 41061 Mönchengladbach, Tel. Günnewig (01 71) 244 39 68; Jennes (01 76) 96 69 94 69 www.manufaktur-b.de; www.frankniture.de
- ÖPNV: Bus 003, 007, 008, 009, 010 u. a., Haltestelle Kapuzinerplatz und Museum Abteiberg

Art . Style . Living
Handgemachte Unikate
Art . Style . Livin
Handgemachte Unika
Art . Style . Living
Handgemachte Unikate
Kreative
Wohnakzente
Lichtobjekte
Wallstraße 13a . Mönchengladbach

Entspannt untertauchen

47 Baden wie 1920 – Volksbad Mönchengladbach

Im Sommer ist schwer was los im Mönchengladbacher Volksbad, das wunderschön im ausgedehnten Naturschutzgebiet des Bungtwaldes liegt. Dabei hat es schon einige Jahre auf dem Buckel, denn immerhin wurde es von 1924 bis 1926 im Stil seiner Zeit erbaut. Doch es hat die Unruhen der vergangenen Jahre gut überstanden und ist bis heute eine wahre Augenweide mit außergewöhnlichem Charme. Zu Recht zählt es deshalb seit 2004 zu den denkmalgeschützten Bauwerken auf dem Gebiet der Stadt.

Außerdem hat es seinen Besuchern eine Menge zu bieten: Das 50-Meter-Sportbecken lädt zum sportlichen Wettkampf ein, während man im Freizeitbecken mit Wasserrutsche, Wasserspeier, Wasserkanone, Wasserpilz und Spritzdüsen, Bodensprudler, Massagedüsen und Sprudelliegen jede Menge Spaß haben kann. Highlight ist die 15 Meter lange Wasserrutsche, auf der sich die ganze Familie nach Herzenslust austoben kann.

Draußen laden eine Liegewiese mit Blick auf das Hauptgebäude und eindrucksvolle Bäume zum Entspannen ein. Rund 30.000 Quadratmeter umfasst die Fläche, sie ist mit gemütlichen Strandkörben und Sonnenliegen ausgestattet. Da lässt es sich sogar an heißen Sommertagen gut aushalten, denn der alte Baumbestand sorgt für Schatten und angenehme Kühle. Wem dann doch zu warm wird, der springt einfach vom 1-Meter-Brett oder 3-Meter-Turm ins erfrischende Nass! Was will man mehr?

Doch auch diejenigen, die nach mehr sportlicher Betätigung suchen, können sich hier austoben. Zur Auswahl stehen drei Sportflächen für Beachvolleyball, Fußball oder Basketball – warum also nicht mal mit Freunden ein Spielchen wagen?

Da kaum etwas müder macht als die Kombination aus frischer Luft, Sonnenbaden und Schwimmen, ist man nach einem erfüllten Tag im Volksbad meist angenehm ermattet sowie rundum entspannt und kann erholt nach Hause fahren. Wäre doch nur jeder Tag so schön!

● Volksbad Mönchengladbach, Peter-Krall-Straße 63, 41065 Mönchengladbach, Tel. (0 21 61) 4 36 39, www.new-baeder.de/volksbad
● ÖPNV: Bus 005, Haltestelle Volksbad

Einfach schön!

48 Handgemachtes im Harmonie 20

Es gibt sie noch, diese kleinen Läden, in die man sich auf den ersten Blick verlieben kann. Wegen ihrer Atmosphäre, wegen ihres Interieurs und natürlich wegen ihres individuellen Sortiments. Ein solcher Laden ist das hinreißende Harmonie 20.

Der kleine Concept Store ist das Ergebnis der Zusammenarbeit von vier befreundeten Produktdesignerinnen, deren Herz allesamt für schöne Dinge schlägt. Accessoires und Objekte aus Stoff und Papier, Stempel, Karten und Kissen, Schmuck mit Edelsteinen und Mineralien, Wohnaccessoires aus Porzellan – all das findet man im Harmonie 20. Dazu werden regelmäßig Kreativkurse angeboten, in denen alle Freunde schöner Dinge ihre Talente selbst ausprobieren können. Handgemachtes steht hier eben hoch im Kurs.

Um ehrlich zu sein – dieser Laden ist vor allem etwas für Frauen. Und möglicherweise für Männer, die ein Geschenk für ihre „bessere Hälfte“ suchen. Denn es wimmelt hier nur so von schönen Dingen, denen vor allem weibliche Wesen kaum widerstehen können. Und natürlich auch gar nicht wollen. Eben ein Eldorado für Sammler(innen). Alles liebevoll dekoriert und dargeboten in bunten Vitrinen, auf kleinen Tischen, in zauberhaften Kästchen und alten Schubläden … da kommt man schnell ins Schwärmen. So viel Schönes auf kleinstem Raum – kaum zu glauben!

Hervorgegangen ist dieses kleine Paradies aus dem Pop-Up Store & Gallery Projekt „Schauzeit“ des Quartiersmanagements Rheydt, bei dem sich die Initiatorinnen 2015 beworben hatten und für vier Wochen das Ladenlokal auf der Harmoniestraße zugewiesen bekamen. Was zunächst nur temporär sein sollte, führte aufgrund des positiven Feedbacks und nach einigen weiteren temporären Standorten nun zu einem Ladengeschäft in Eigenregie. Zurück zum Anfang also. Eine gute Entscheidung, denn ohne das Harmonie 20 wäre Mönchengladbach um einen Glücksort ärmer.

- Harmonie 20, Harmoniestraße 20, 41236 Mönchengladbach-Rheydt, Tel. (01 63) 7 31 91 17, www.harmonie20.de
- ÖPNV: Bus 001, 002, 006, 008, 014, 016, 019, 024 u. a., Haltestelle Marienplatz

Auf dem Weg nach oben

49 Gipfelstürmer in der Kletterkirche

Bis zu 13 Meter ragen die Wände der ehemaligen Pfarrkirche St. Peter im Stadtteil Waldhausen in die Höhe. Sie bieten damit nicht nur einen imposanten Anblick, sondern auch die ideale Location für Kletterer. Und das sogar ganz legal. Denn seit 2009 haben Anfänger und fortgeschrittene Sportler zwischen umgestaltetem Kirchenschiff und einstiger Sakristei auf 1300 Quadratmetern die Möglichkeit, steile Wände zu erklimmen.

Das Bistum Aachen stimmte dieser etwas ungewöhnlichen Nutzung zu, da die Kirche im Jahr 2007 ihre Funktion durch einen Zusammenschluss von Pfarrgemeinden verlor. Nach zwei Jahren Leerstand freute man sich über die beiden neuen Pächter Simone Laube und Klaus Fasbender, und so wurde unter Erhaltung von Kirchenbänken und Weihwasserbecken aus der ehemaligen Kirche ein spektakuläres Indoor-Kletterparadies mit einer einmaligen Atmosphäre. Zum einen natürlich, weil die spezielle Vergangenheit der Location noch überall spür- und sichtbar ist. So erinnert im Vorraum eine kleine Ausstellung an die Geschichte der Kirche, und man kann sogar noch den ehemaligen Taufstein bewundern. Zum anderen, weil das Klima im wortwörtlichen Sinne immer angenehm ist – im Sommer sowie im Winter. Für Kletterer, die sonst immer Wind und Wetter ausgesetzt sind, fast schon Luxus und eine angenehme Abwechslung.

Die nach eigenen Angaben sowohl erste als auch einzige Kletterkirche Deutschlands präsentiert Kletterinteressierten nicht nur einen aufwendigen Boulderbereich, sondern dazu noch einen spektakulären Pendelsprung aus 8,50 Meter Höhe mit anschließendem Auspendeln. Zugelassen ist diese Mutprobe allerdings nur für Springer bis 50 kg.

Hier aus eigener Kraft in außergewöhnlichem Ambiente in die Höhe streben – für diejenigen, die den Aufenthalt in luftiger Höhe genießen können, ist dies ein Glücksgefühl, das sich so nur selten bietet.

- Kletterkirche, Nicodemstraße 36, 41068 Möchengladbach, Tel. (0 21 61) 4 61 39 60 www.kletterkirche.de
- ÖPNV: Bus 013, 023, SB83, Haltestelle Waldhausen Kirche

Mediterranes Lebensgefühl

50 Boule spielen auf dem Rheydter Marktplatz

Dem Rheinländer sagt man ja eine gewisse Leichtigkeit des Seins nach, die schon beinahe südländischen Charakter hat. Dennoch wundert man sich ein wenig, wenn es heißt, dass man für mediterranes Flair in Mönchengladbach gar nicht so weit zu fahren braucht.

Fündig wird man mitten auf dem Marktplatz von Mönchengladbach-Rheydt. Im Schatten der evangelischen Hauptkirche ist nämlich ein Spiel angesagt, das in Frankreich zu den liebsten Freizeitbeschäftigungen gehört: Boule. Oder will man ganz genau sein: Pétanque. Jeden Dienstag und Donnerstag ab 15 Uhr trifft man sich, um sich mit viel Leidenschaft und Liebe diesen Spaß zu gönnen, dessen Wurzeln in der Provence liegen.

Während sich anfangs vor allem Bekannte zum gemeinsamen Boule getroffen haben, sind es mittlerweile rund 20 Spieler, die ihrem Hobby mit der Kugel frönen. Und natürlich wurde inzwischen ein Verein gegründet, der das Boulespiel im Rheydter Stadtgebiet beleben möchte. Die Szene, die sich einem Beobachter darbietet, könnte sich – vielleicht einmal abgesehen vom Wetter – genau so auch irgendwo auf einem Platz in Südfrankreich abspielen. Auf dem Platz unter den Platanen werfen einige Männer, meist älteren Jahrgangs, blanke Metallkugeln um eine kleinere Kugel, das Schweinchen. Gewonnen hat, wer mit seiner Kugel am nächsten am Schweinchen dran ist. Während eines solchen Spiels zeigt sich, was die Franzosen natürlich schon seit Langem wissen: Boule ist ein Spiel zum Ruhigwerden. Eines, bei dem man abschalten und seine Sorgen eine Zeit lang hinter sich lassen sowie seinen Stress vergessen kann.

Und wer keine Lust hat mitzumachen, der kann sich ebenso gut auf einer der benachbarten Sitzgelegenheiten niederlassen, den Hauch von französischem Lebensgefühl genießen und einfach beim Zuschauen entspannen! Denn auch das kann glücklich machen.

- Markt, 41236 Mönchengladbach-Rheydt
- ÖPNV: Bus 016, 019, Haltestelle Rheydt Markt; 004, 006, 008, 097, Haltestelle Rathaus Rheydt

Klein, aber fein

51 Besinnliche Momente in der Jona-Kapelle

Die kleinste Kapelle am Niederrhein steht in Mönchengladbach-Windberg unter dem Blätterdach einer großen Eiche und bietet lediglich Platz für ein bis zwei Personen. Auf den ersten Blick erinnert sie an eine altmodische Telefonzelle, außen verkleidet mit Lärchenholz, innen in freundlichen Grün- und Blautönen gestaltet, die symbolisch für den Himmel und die Schöpfung stehen. Zwei Fensterschlitze sorgen für etwas Weite im kleinen Innenraum.

Tatsächlich erkennt man erst bei erneutem Hinschauen, dass es sich um eine kleine Kapelle handelt, die in unserem hektischen Alltag die Möglichkeit zum Innehalten anbietet. Ob mit oder ohne religiöse Überzeugung ist dabei gar nicht von Belang. Denn sogar Menschen, die sonst gar nicht viel mit Kirche anfangen können, sollen hier die Möglichkeit haben, einen Ort der Ruhe und Besinnung zu erleben. Ganz bei sich zu sein, still zu werden und niemandem etwas erklären zu müssen, das erleichtert und macht glücklich.

Nimmt man auf der kleinen Sitzbank im Inneren Platz, fällt der Blick unwillkürlich auf ein Buch mit Gebeten, ein farbenfroher Wandteppich, eine Bibel sowie ein Gästebuch, das rege genutzt wird. Ein weiteres kleines, aber bemerkenswertes Detail – auch Taschentücher sind für alle Fälle immer verfügbar. Um wirklich seine Ruhe haben zu können, legt man am besten noch den Hebel an der Eingangstür ab, sodass draußen zu lesen ist: „Besetzt". Das stört die Bewohner der großen Eiche allerdings gar nicht, denn ihr Krächzen ist zusammen mit dem Rauschen der Blätter und dem Pfeifen des Windes im Hintergrund zu hören. Es ist im Gegenteil auf natürliche Art beruhigend.

Seit September 2018 bietet Jona (als kleiner Bruder der zugehörigen Johanneskirche) Besuchern seine Dienste an – als Oase der Ruhe, als Seelentröster und als Energiespender. Hier lässt sich trefflich zur Ruhe kommen und Kraft tanken. Ein ganz spezieller Glücksort, der seinesgleichen sucht.

● Jona-Kapelle, Severingstraße 2–4, 41063 Mönchengladbach
www.ekimg.de/kirchentreffpunkte/jona-kapelle
● ÖPNV: Bus 008, 010, Haltestelle Leostraße

Poesie für alle

52

Gedichtweg im Schmölderpark

Was für eine enge Verbindung Natur und Kunst miteinander eingehen können, das lässt sich an verschiedenen Stellen in Mönchengladbach erleben. Doch der 16 Hektar große Schmölderpark hat eine weitere Besonderheit zu bieten: In dieser grünen Oase laden nicht nur 180 Jahre alte Buchen, weitläufige Wiesen und farbenfrohe Blumenbeete zur Entspannung ein, sondern darüber hinaus auch noch 16 Stelen mit Gedichten.

Diese nehmen thematisch Bezug auf Park und Natur wie beispielsweise „Die Schaukel" von Richard Dehmel und „Die Fontäne" von Wolfgang Bächler. Meist sind es zeitgenössische Autoren und regionale Dichter, die hier mit überwiegend jahreszeitlich passenden Werken vertreten sind. Ist man an weiteren Informationen zu Text und Autor interessiert, braucht man bloß einen QR-Code auf der zugehörigen Infotafel zu scannen, und schon erhält man zusätzliche Infos. So hilfreich kann Technik sein! Auf diese Weise hofft man, jüngere Besucher anzusprechen und für die Gedichte zu begeistern.

Doch auch ohne solch technische Errungenschaft stellt sich beim Lesen der Texte und gleichzeitigem Erleben der herrlichen Landschaft um einen herum das Gefühl eines tieferen und ganz anderen Verständnisses ein. Lässt man seine Gedanken schweifen, so erfährt man die Bedeutung der dichterischen Worte meist neu. Eine außergewöhnliche und besonders ein- und nachdrückliche Art, Poesie zu erleben – man muss sich nur darauf einlassen. Übrigens soll es in Deutschland nur zwei solcher Gedichtwege geben: einen im Süden Deutschlands und ebenden in Rheydt. Ein Grund mehr für einen Ausflug in den Schmölderpark!

Doch selbst wer es ansonsten nicht so mit der Dichtkunst hat, kann dort glücklich werden. Den lockt der Park nämlich außerdem noch mit einem kleinen Teich, herrlich altem Baumbestand, Kinderspielplätzen sowie einer Minigolf-Anlage. Jeder wie er mag, ist schließlich die Devise!

TIPP

Beim „Sound of Schmölderpark" treten junge Musiker und Bands vor großem Publikum auf.

- Gedichtweg Schmölderpark, 41239 Mönchengladbach
  www.rheydt-online.de/schmoelderpark-rheydt.htm
- ÖPNV: Bus 001, 002, 006, 008, 014 u. a., Haltestelle Hauptbahnhof Rheydt

Paradies für Spielkinder

53 Action auf dem Naturspielplatz

Im Rheydter Stadtwald finden Kinder und ihre Eltern eine Abenteuerlandschaft, die einlädt, aktiv zu werden und sein Glück im Spiel zu versuchen. Ein Tipi aus Weidenästen bauen, eine „Rasenwelle" runterkugeln oder im Naturlabyrinth nach dem richtigen Weg suchen – hier kommen aktive Familien mit Kindern voll auf ihre Kosten.
Das liegt unter anderem auch daran, dass dieser Spielplatz nach den Wünschen von Kindern, Eltern und Lehrern in Zusammenarbeit mit der Hochschule Niederrhein entstanden ist. Auf Baumstämmen balancieren, auf der Matschfläche spielen und steinerne Dinosaurierknochen im Sand suchen – das etwa 4.000 Quadratmeter große Gelände lädt zum Experimentieren ein und bietet jede Menge kleine Abenteuer. Perfekt für Kinder, die trotz Smartphone und X-Box neugierig bleiben sollen und wollen.
Sogar für Technikbegeisterte ist der Platz interessant: Sensoren erfassen, welche Stationen wie oft genutzt werden. So können ganz leicht die Beliebtheit der unterschiedlichen Spielmöglichkeiten festgestellt und der Spielplatz entsprechend angepasst werden. Natur und Technik gehen hier also eine gelungene Partnerschaft ein, die eindrucksvoll zeigt, wie man die beiden scheinbaren Gegensätze Natur und Technik geschickt miteinander verbinden kann.
Wem das aber immer noch nicht genug ist: Nicht weit entfernt, befindet sich außerdem der mit 133 Metern höchste Punkt von Mönchengladbach. Vom „Monte Clamotte" bzw. „Monte Scherbelino"– wie der aus Trümmern entstandene kleine „Berg" genannt wird – hat man einen tollen Blick auf das Grün rundum. Am Fuß dieses Hügels befindet sich außerdem ein kleiner Wasserspielplatz für Groß und Klein – ideal für heiße Sommertage!
Und am Ende eines solch abwechslungsreichen Tages an der frischen Luft sind alle müde, zufrieden und natürlich glücklich. Die Eltern ebenso wie die Kinder.

- Natur- & Abenteuerspielplatz Rheydt, Stadtwald Rheydt, 41239 Mönchengladbach
- ÖPNV: Bus 004, NE5, Haltestelle Mönchengladbach Stadtwald

Einfach mal bummeln

54 Entdeckungstour in der Wallstraße

Attraktive Einkaufsstraßen gibt es einige in Mönchengladbach. Aber über so ein reizvolles Flair und so eine lebendige Atmosphäre wie in der Wallstraße verfügen nur wenige. Bereits der Gedanke an einen Bummel durch diese kleine Seitenstraße der Hindenburgstraße macht Freude und man kann das nächste Mal kaum erwarten. Es ist fast, als freue man sich auf einen Kurzurlaub.

Das liegt ganz klar an den vielen kleinen trendigen Geschäften, Galerien, Ateliers und Cafés, die dieser Fußgängerzone ihren liebenswerten Charme verleihen und die man am besten mit Zeit und Muße besucht. Und natürlich an den denkmalgeschützten, schön restaurierten Häusern mit ihren individuell gestalteten Schaufenstern, die überaus einladend wirken und immer wieder zum Anhalten und Anschauen verführen.

Denn die Wallstraße ist keine dieser uniformen Einkaufsstraßen, wie man sie zu Hunderten aus den Zentren anderer Innenstädte kennt. Sie ist eher klein und exquisit, wie eine feine Dame, die sich in Gesellschaft immer ein wenig zurückhält, aber trotzdem jederzeit über Besuch freut. Das macht sie nicht nur ausgesprochen liebenswert, sondern ist auch ganz im Sinne all der engagierten Ladeninhaber, die an diesem Juwel mitgewirkt haben. Und man versteht, warum dieses nur 220 Meter lange Gässchen als eine der schönsten Einkaufsstraßen Mönchengladbachs gilt.

Es sorgt eben für Glücksgefühle, die feine Dame an einem sonnigen Frühlingsmorgen zu besuchen, sich mit viel Muße in einem der charmanten Straßencafés einen Milchkaffee zu gönnen und dabei die ersten warmen Sonnenstrahlen des Jahres auf der Haut zu genießen.

Doch auch wer morgens nicht so früh aus den Federn kommt, erliegt schnell ihrer Anziehungskraft, denn dem gefällt ja möglicherweise das beliebte Late Night Shopping, das mehrmals im Jahr stattfindet! Also, bis zum nächsten Mal und „herzlich wallkommen“!

- Wallstraße, 41061 Mönchengladbach
- ÖPNV: Bus 003, 007, 008, 009, 010, Haltestelle Kapuzinerplatz

Der Stoff
Stoffe
Nähzubehör
Schnitte
Nähmaschinen
www.der-Stoff.de
Im Marienhof

Spinnen, weben und flechten

55 Geschichte hautnah im TextilTechnikum

Mönchengladbach verfügt über eine jahrhundertelange Textilgeschichte, die die Stadt entscheidend geprägt hat. Noch heute zählt sie – was kaum einer weiß – zu den wichtigsten Textilstandorten in Deutschland.
Zu Beginn des 19. Jahrhunderts war Mönchengladbach ein eher beschauliches Städtchen. Schon damals zählten Färbereien und Betriebe des Textilhandwerks zum Stadtbild, doch mit Fortschreiten der Industrialisierung wurden diese mehr und mehr durch Fabriken ersetzt. Fabrikschlote konkurrierten mit den Kirchtürmen. Vollautomatische Spinnmaschinen und mechanische Webstühle lösten die Arbeit per Hand ab. 1861 gab es bereits 17 Spinnereien, die insgesamt mehr als 1.800 Beschäftigte zählten. 50 Jahre später waren es 650 Textilbetriebe mit 55.000 Mitarbeitern.

TIPP
Es existiert sogar eine als Radweg konzipierte Textilroute mit 27 Orten der Textilgeschichte.

Über die einzelnen Stationen und Entwicklungen der Textilindustrie Mönchengladbachs kann man im TextilTechnikum an der Schwalmstraße mehr erfahren. Es liegt im sogenannten Monforts Quartier, dem Gelände einer ehemaligen Maschinenfabrik, das heute als Tagungs- und Veranstaltungsstätte genutzt wird. Die international einmalige Sammlung präsentiert 150 teils historische, teils moderne Maschinen, darunter eine Dampfmaschine von 1901, die sogar noch bis in die 1980er-Jahre genutzt wurde.
Die Betreiber des Museums geben sich alle Mühe, die Textilgeschichte unterhaltsam aufzubereiten: Neben einer virtuellen Führung werden Rallyes für Schulklassen angeboten.
Die unterschiedlichen Ausstellungen beleuchten alle Aspekte der Textilproduktion: vom Färben der Textilien über das Schären bis zur Webtechnik und Einführung der Dampfkraft.
Geschichte zum Anfassen – für Technikfreunde ein echtes Erlebnis im rheinischen „Manchester". Besonders hilfreich ist auch die App für Android und Apple, die es den Besuchern erlaubt, sich problemlos in der Sammlung zurechtzufinden.

- TextilTechnikum, Schwalmstraße 301, 41238 Mönchengladbach, Tel. (0 21 61) 3 03 87 18, www.textiltechnikum.de
- ÖPNV: Bus 006, SB81, Haltestelle Monforts Quartier

14

Kunst, Kultur und klönen

56 Treffpunkt Alte Tanke

Was kommt dabei heraus, wenn die Bewohner einer Stadt die Entwicklung ihres Viertels nicht der Stadtverwaltung überlassen, sondern lieber in die eigenen Hände nehmen und selbst etwas tun? Selbstverständlich nur Gutes! Ein Beispiel ist die Alte Tanke, die sich zum gemeinsamen Vorgarten der Nachbarschaft gemausert hat.
Getreu dem Motto „Nicht immer nur meckern, sondern lieber selbst aktiv werden", hat sich eine Gruppe von Anwohnern zusammengetan, um – mit Unterstützung der Stadt – die Nachbarschaft zu verschönern. Zusammen essen und trinken, quatschen oder einfach nur gemütlich beisammen sein, das kann man seit 2016 an der Ecke Kaiserstraße/Sittardstraße. Hier trifft man Alt und Jung, Studenten, Künstler, alteingesessene Mönchengladbacher ebenso wie Zugezogene, Reiche und Arme sowie Menschen aus unterschiedlichen Nationen.
Auf dem brachliegenden Gelände einer alten Tankstelle aus den 50er-Jahren hat sich im ohnehin lebendigen Gründerzeitviertel ein Platz der Begegnung entwickelt. Keineswegs selbstverständlich, denn früher gab es hier nur Gestrüpp und jede Menge Müll. Heute sieht das ganz anders aus: Ob Floh- oder Weihnachtsmarkt, Bücherschrank, Feuerstelle oder Baumbeet – hier gibt es für jeden etwas! Auch interessierte Besucher sind jederzeit willkommen – vielleicht ist ja auch mal der eine oder andere zukünftige Eickener unter ihnen?!
Und nach einem Rundgang durchs Eicken-Viertel mal eine kleine Pause auf den Bänken unter den Bäumen einlegen und mit dem einen oder anderen Anwohner ins Gespräch kommen, das eröffnet neue Perspektiven und ermöglicht Momente des Innehaltens sowie des zwanglosen Miteinanders.
Die Alte Tanke, entstanden aus einer privaten Gründerzeitinitiative, ist ein ganz besonderer Glücksort, und möglicherweise ist die Idee ja sogar ein Vorbild für andere Städte und Stadtteile.

- Alte Tanke, Sittardstraße, 41061 Mönchengladbach
- ÖPNV: Bus 001, 015, 025, 089, Haltestelle Kaiser-Friedrich-Halle

ALTE TANKE

Zurück zur Natur

57 Der Bresges Park – eine grüne Oase

Einen der schönsten Plätze, um die Seele baumeln zu lassen, findet der Glückssuchende im Rheydter Bresges Park, einem kleinen grünen Juwel, eingebettet in den Zoppenbroicher Park. Zahlreiche Grünanlagen mit farbenfrohen Blumenbeeten laden mit Sitzgelegenheiten zum Verweilen ein. Seit 1972 steht der Park, der auf dem Gelände der ehemaligen Baumwollspinnerei Bresges entstanden ist und der nach und nach renaturiert wird, Besuchern offen.

Unter einer der imposanten Weiden oder Pappeln sitzen, umgeben von farbenfrohen Staudenbeeten picknicken oder einfach nur mit Freunden plaudern – das ist Relaxen pur. Und darüber hinaus eine tolle Gelegenheit, Tiere in ihrer natürlichen Umgebung zu beobachten, denn durch die naturnahe Gestaltung des Parks haben sich zahlreiche Tierarten wie beispielsweise Biber neu angesiedelt. Wer würde nicht gerne mal einen der talentierten Baumeister beim Dösen oder Anlegen seiner Dämme bespitzeln? Für Letzteres sind die Chancen in der Dämmerung, wenn der Biber aktiv wird, am größten.

Der Bresges Park ist also eine wahre Oase für Mensch und Tier, in der Bäche und Seen eine große Rolle spielen. Daher entwickelte er sich in den letzten Jahren auch zu einem Eldorado für Modellbauer, die sich beinahe jedes Wochenende am Ufer des Weihers treffen, um gemeinsam ihre ferngesteuerten Boote und Schiffe auf einem Gewässer in der freien Natur zu testen. Das zieht viele Zuschauer an, und schnell kommen die Fachleute unter ihnen miteinander ins Gespräch und ins Fachsimpeln. Herrlich! Besonders schön und immer wieder ein kleines Spektakel ist die Fahrt zum Saisonabschluss, wenn die Boote beleuchtet zu Wasser gelassen werden und bis zum Einbruch der Dämmerung auf dem Teich kreuzen. Wunderbar anzusehen und immer ein Zeichen dafür, dass der Sommer bald vom Herbst, der dem Park ein neues, aber ebenso schönes Aussehen schenkt, abgelöst wird.

- Bresges Park, Friedensstraße Ecke Zoppenbroich, 41238 Mönchengladbach
- ÖPNV: Bus 004, NE3, Haltestelle Zoppenbroich

CARMEN BARCIA

Hier kommt man ins Rollen

58

Fun ohne Ende im Skaterpark

Nur wenige Nichtskater wissen, dass Mönchengladbach bis Anfang/Mitte der 90er-Jahre in Sachen Skaten ausgesprochen aktiv war und über eine große Skaterszene verfügte. Skateboarder aus ganz Europa versammelten sich regelmäßig in Mönchengladbach, und bei nationalen und internationalen Meisterschaften konnte man hier die Skateelite antreffen. Bis heute ist die ehemalige Halle „D.O.M.E." (Does Offer Most Extasy) allen alteingesessenen Skatern ein Begriff. Immerhin zählte sie in den 90er-Jahren zu den wichtigsten Skatehallen Europas. Doch mit der Schließung 1996 wurde die Szene aufgrund mangelnder Trainingsmöglichkeiten kleiner und kleiner und verlor immer mehr an Bedeutung.

Bis sich um David Suhari, einem Skater aus Leidenschaft, erneut eine Gruppe von Skaterfreunden zum Verein „Rollbrett Union" zusammenschloss, um den Skateboardern in Mönchengladbach wieder eine Stimme zu geben. 2017 eröffneten sie die Skaterhalle „Rollmarkt" in einem ehemaligen und lange leerstehenden Supermarkt mitten in der Fußgängerzone von Rheydt.

Unterschiedliche Rampen, Podeste, Geländer etc. bieten unzählige Möglichkeiten für Grabs, Flips und Flats. Das ist nicht nur für Könner attraktiv, denn wer noch keine Erfahrung hat, der kann auch an Workshops teilnehmen und dort von Könnern lernen, wie es richtig geht. Wie groß ist dann die Freude, wenn man sicher auf dem Board steht und die ersten Sprünge funktionieren! Das ist aber noch nicht alles: DIY-Workshops zum Beispiel fürs Upcycling alter Boards, Siebdruck etc. sorgen auch darüber hinaus für eine sinnvolle Freizeitbeschäftigung. Ein abwechslungsreiches Angebot rund um das Skateboard eben. Zwar hat der „Rollmarkt" (noch) nicht den Kultcharakter der alten Skaterhalle erreicht, aber für viele Kinder, Jugendliche und junge Erwachsene ist er schon jetzt ein echter Glücksort. Ride here, ride now!

TIPP

Einen Outdoor-Park für Skater gibt es an der Rennbahn am Volksgarten.

● Rollmarkt, Hauptstraße 1, Mönchengladbach
www.rollbrettunion.de

● ÖPNV: Bus 001, 002, Haltestelle Hauptstraße; Bus 001, 002, 004, 006, 014, 016, 024 u. a., Haltestelle Marienplatz

Gründerzeit-Streifzug

59 Auf Entdeckungstour im Eicken-Viertel

So mancher Stadtteil hat den Sprung aus der Vergangenheit in die Gegenwart und damit in eine aussichtsreiche Zukunft geschafft. Dazu gehört zweifelsfrei das Gründerzeitviertel Eicken. Als Erstes fallen einem die tolle Architektur und die vielen herrlich renovierten Häuser auf. Viele von ihnen sind denkmalgeschützt, wie zum Beispiel die Wohn- und Geschäftshäuser in der Regentenstraße 54, 57, 206 und 216. Jedes von ihnen ist eine echte Augenweide, und voller Bewunderung erspäht man auf seinem Weg immer neue wunderschöne Details.

Die restaurierten Hausfassaden leuchten in Weiß, zartem Gelb oder Rosa, sind geschmückt mit Erkern sowie den typischen Ornamenten der Gründerzeit und vermitteln ganz unaufdringlich den Eindruck von Wohlstand. Hier schlendert man gerne entlang und fühlt sich fast ein wenig wie in die Vergangenheit versetzt. Schmiedeeiserne Gitter und gekonnte Reliefs schmücken eindrucksvolle Hauseingänge.

Und noch ein geschichtliches Detail: Das Gasthaus „Zum Jägerhof“, ehemals an der Alsstraße gelegen, ist die Geburtsstätte des Fußballvereins Borussia Mönchengladbach. Dort schrieb man am 1. August 1900 quasi Geschichte. An die Verbundenheit des Viertels mit den Borussen erinnert auch die Bronzeplastik „Fohlen-Kicker“ zu Ehren von Hacki Wimmer, Berti Vogts und Günter Netzer sowie der „Monte Graniti“, ein fast acht Tonnen schwerer Fußball aus Granit. Bemerkenswerte 1,80 Meter Durchmesser ist er groß und wurde zum 110-jährigen Vereinsjubiläum aufgestellt. Was für ein Denkmal!

Doch das Eicken-Viertel hat noch viel mehr zu bieten: Denn neben Alteingesessenen lernen nach und nach immer mehr Familien, Nachwuchsunternehmer und Studenten den lebendigen Stadtteil zu schätzen. Straßenfeste fördern den Zusammenhalt und überall spürt man die Atmosphäre des kreativen Miteinanders. Eicken ist einfach ein wunderbar lebendiges Viertel mit interessanter Vergangenheit, das zum Entdecken einlädt!

- Eicken-Viertel, 41061 Mönchengladbach
- ÖPNV: Bus 002, 003, 033, Haltestelle Konzenstraße

0815*NSB

Der schönste Tag im Leben

60 Termin bei Sanna Lindström

In der denkmalgeschützten Gründerzeitvilla Lindström dreht sich alles um die Frau, insbesondere um die Braut. Fast 100 Designs findet man in jedem Atelier der schwedischen Brautmodenmarke. Ob es ein Kleid für die Kirche oder fürs Standesamt sein soll – was hier auf 420 Quadratmetern angeboten wird, bringt Frauen zum Träumen. Das liegt ganz sicher auch am exklusiven Standort des Brautateliers in Mönchengladbach. In nächster Nähe zu Schloss Wickrath lockt die Villa Lindström mit hohen Räumen, verzierten Spiegeln, imposanten Kronleuchtern und wundervollen Bleiglasfenstern. Weiß und Rosa sind – wen wundert es – die vorherrschenden Farben, die sich in den Blumendekorationen und sogar in den angebotenen Süßigkeiten wiederfinden.

In dieser märchenhaften Umgebung wartet auf die Braut und ihre Begleitung für die Dauer der Anprobe eine private Suite mit Wohlfühlfaktor, die den Besuch zu einem einzigartigen Erlebnis werden lässt. Gerät man schon beim Anblick der Räume ins Schwärmen, fehlen einem beim Anblick der Kleider schier die Worte! Jedes einzelne von ihnen ein schwedischer Traum aus Spitze, Tüll oder Crèpe Chiffon, den Frau sogar nach ihren eigenen Wünschen mitgestalten und nach ihren persönlichen Vorstellungen anfertigen lassen kann. So entstehen Traumkleider, die durch romantischen Stil und zeitlose Ästhetik überzeugen! Dazu ein luftiger handgefertigter Blumenkranz, passende Accessoires und Schuhe – fertig ist das Traumoutfit.

Sannas Anliegen und das ihres Teams ist es jedoch nicht nur, ihren Kundinnen ein schönes Brautkleid anzupassen. Ihre Bräute sollen sich wie Prinzessinnen fühlen und ihre Hochzeit als etwas Magisches erleben – eben als den schönsten Tag in ihrem Leben, der ihnen für immer in bester Erinnerung bleiben soll. Und wer in absehbarer Zeit nicht heiraten wird, der kann trotzdem ein Traumkleid von Sanna Lindström erwerben – die blumige Sommerkleid-Kollektion im Online-Shop macht's möglich.

- Sanna Lindström, Trompeterallee 24, 41189 Mönchengladbach, Tel. (0 21 61) 6 53 38 77, www.sannalindstroem.de
- ÖPNV: Bus 006, 016, 026, Haltestelle Trompeterallee

Schluss mit Rumsitzen

61 Sporteln auf den Muskelkater-Rundwegen

Sport macht glücklich. Das ist hinlänglich bekannt. Denn bei sportlicher Betätigung werden die Glückshormone Dopamin, Serotonin und Endorphin ausgeschüttet. Die sorgen für anhaltende Hochgefühle, selbst wenn der Sport schon längst vorbei ist.

Das war den „Erfindern" der Muskelkater-Rundwege Abteiberg und Rheydt sicherlich bekannt, als sie ihre Idee von einer Fitnessstrecke für alle in die Tat umsetzten. Ganz individuell kann man hier Tempo und Fitnesslevel an mehreren Stationen anpassen. Die Idee ist nicht neu – 1962 wurde der erste Fitnesspfad installiert, in den 70er-Jahren folgten die bekannten „Trimm dich Pfade".

Der Rundweg Abteiberg ist zwei Kilometer lang und umfasst den Startpunkt Fliescherberg sowie die weiteren Stationen Skulpturengarten, Münster, Sonnenberg, Rathaus MG, Museum Abteiberg und HUMA Gmynasium. Insgesamt elf Übungen warten auf Fitnesswillige. Wandliegestütze, Treppensprint, Ausfallschritte und Baumsitzen bringen den Körper ordentlich in Schwung.

Die Rheydter Strecke verläuft vom Grenzlandstadion über den Hugo-Junkers-Park, den Maria-Lenssen-Garten zum Rathaus-Rheydt und ist mit 3,3 Kilometern etwas länger. Sie lockt ebenfalls mit Wechselsprüngen, Kniebeugen und mehr.

Unterstützt und begleitet wird man dabei vom sympathischen (und sportlichen) „Muskelkater", der den Rundwegen seinen Namen gab und die Übungen an den einzelnen Stationen vorturnt. Illustriert wurde der kleine Kerl von der Mönchengladbacherin Ruth Zadow. Er schenkt seitdem den beiden Rundwegen sein Gesicht.

Folgt man dem Streckenverlauf, so wird (oder bleibt) man nicht nur fit, sondern lernt gleich noch seine Umgebung besser kennen und entdeckt Orte, an denen man vorher vielleicht noch nie war. Und hat man die Strecke erfolgreich absolviert, stellt man schnell fest – Bewegung an der frischen Luft macht einfach glücklich! Worauf also noch warten?!

● Muskelkater-Rundweg Abteiberg, Start: Fliescherberg, 41061 Mönchengladbach, www.muskelkater-rundwege-mg.de

MACH MIT!
RUNDWEG
RATHAUS ABTEI

Glücksgefühle à la carte

62

Savoir-vivre in der Brasserie Gero

Dass man in Mönchengladbach gerne (und gut) isst und trinkt, ist mittlerweile klar. Wahrscheinlich ist deshalb das gastronomische Angebot so groß. Teil dieses Angebotes ist auch die Brasserie Gero am Fuße des Abteibergs. Das von außen mit seiner Backsteinfassade eher rustikal, aber dennoch einladend wirkende Restaurant entpuppt sich beim Betreten dann jedoch als kleine Brasserie mit fast typischem französischem Flair. Schlicht, aber gemütlich. Ohne Klimbim, dafür mit viel Liebe zum Essen und zum kreativen Kochen. Ein Glückstreffer sozusagen und genau richtig für einen ungezwungenen Abend in einladender Atmosphäre mit ein wenig Savoir-vivre mitten in Mönchengladbach.

Pilzrisotto, bretonisches Kaninchen an Thymiansauce, Wildschweinragout und Co. versprechen nicht nur hausgemachten kulinarischen Genuss, sondern halten ihn selbstverständlich auch. Alles frisch, saisonal und natürlich. Das Geflügel scheint auf der Zunge zu zerschmelzen, das würzige Aroma von Kräutern der Provence liegt in der Luft, und die Dorade mit Ratatouille und Rosmarinkartoffeln erinnert an den letzten Urlaub in der Bretagne. Dazu ein leckerer Wein, und schon fühlt man sich tatsächlich wie der sprichwörtliche Gott in Frankreich. Wer würde sich da nicht gerne zu weiteren Genüssen, zum Beispiel einem leckeren Dessert, verführen lassen? Manchmal meint es das Leben eben doch gut mit einem und zeigt sich von seiner besten Seite.

Für den Sommer hat die Brasserie Gero übrigens noch ein As im Ärmel: An einem lauen Abend mit Blick auf den Geropark auf der Terrasse sitzen – was braucht es mehr, um glücklich zu sein?

Ein Tipp zum Schluss: Man sollte auf jeden Fall reservieren, um sich einen der begehrten Plätze zu sichern und bei aller Vorfreude nicht etwa unverrichteter Dinge wieder nach Hause gehen zu müssen.

- Brasserie Gero, Weiherstraße 51, 41061 Mönchengladbach, Tel. (0 21 61) 62 88 58 www.brasserie-gero.de
- ÖPNV: Bus 005, 015, 025, Haltestelle Geroplatz

pero
51

Rätselraten auf Zeit

63 Nervenkitzel beim Timebreak Live-Escape-Game

Mit den Glücksgefühlen ist das ja so eine Sache. Der eine erlebt sie beim Wandern, ein anderer liebt es zu fliegen und wieder ein anderer – lässt sich einsperren. Natürlich nicht für immer, sondern maximal für 60 Minuten. So lange hat man nämlich Zeit, einen Ausweg aus dem Raum zu finden, in den man eingesperrt wurde. Ziel ist es also, während des Live-Escape-Games den Schlüssel zu finden, mit dem sich die Tür des Escape Rooms wieder öffnen lässt. Erst wenn der Schlüssel gefunden ist bzw. nach Ablauf der angesetzten Zeit, ist das Spiel zu Ende.
Tatort ist die Waldhausener Str. 31, denn hier findet das Live-Escape-Game für Fluchtwillige statt. Mit logischem Denken, Kombinieren und jeder Menge Teamwork hat man die Chance, sich rechtzeitig zu befreien und zu entkommen. Zwischen zwei und zehn Mitspieler können hier als Team auf diese Weise gegen die Zeit ankämpfen. Ein sehr spannendes, eindrückliches Erlebnis und tatsächlich zeigt sich, dass all das Gegenständesuchen und -sammeln, Schlösserknacken und Rätsellösen glücklich macht. Erst recht, wenn das Team am Ende erfolgreich ist und dank eigener Denk- und Kombinationsleistung den Escape Room schon vor der Zeit verlassen kann.
Jeder Raum ist individuell eingerichtet, und man hat die Wahl zwischen den Spielen „Hollywood Bombs", „Dr. Brown Boyd's Nervenheilanstalt", „Crystal Camper" und – wie könnte es in Mönchengladbach anders sein – der „Spielerkabine Borussia Mönchengladbach". Die passende Story: Nach einem misslungenen Spiel hat der Manager seine Spieler zum Nachdenken in der Kabine eingeschlossen, statt sie auf die Party gehen zu lassen. Damit ist natürlich keiner einverstanden und deshalb heißt es, gemeinsam logisch denken und richtig kombinieren, um doch noch rechtzeitig zur Feier zu kommen! Eine Aufgabe, die sich nur gemeinsam lösen lässt!

- Timebreak Live-Escape-Game, Waldhausener Straße 31, 41061 Mönchengladbach, Tel. (0 21 61) 9 04 22 35, www.timebreak-mg.de
- ÖPNV: Bus 003, 007, 008, 009, 010, 013, 019, 023, 033, Haltestelle Alter Markt

Wellness pur

64 Kurzurlaub in der Asia-Therme

Manchmal wünscht man sich, weit weg und an einem anderen Ort zu sein. Aber nicht immer hat man die Möglichkeit dazu. In solch einem Fall sollte man über einen Kurzurlaub in Korschenbroich nachdenken. Ja, ganz richtig – in Korschenbroich.

Denn dort kann man wunderbar im fernöstlichen Ambiente der Asia-Therme zur Ruhe kommen. Auf 15.000 Quadratmetern warten diverse Saunen, ein Dampfbad, zwei Outdoor Pools sowie ein Solebecken und zwei Hot-Whirlpools auf Entspannungssuchende.

Doch neben Massagen, Hamam und kosmetischen Behandlungen macht vor allem eines die Asia-Therme so besonders – die gelungene asiatische Architektur, die einem schon nach wenigen Minuten das Gefühl vermittelt, meilenweit vom eigenen Alltag entfernt zu sein. Bungalows im asiatischen Stil, eingerichtet und dekoriert mit edlen Buddha-Skulpturen, Wasserspiele und kleinere Teiche in der großen Gartenanlage vermitteln einem das Gefühl, Tausende von Kilometern zurückgelegt zu haben. Natürlich wird dieses Rundum-Wohlgefühl noch durch eine wohltuende Massage oder Kosmetikanwendung verstärkt.

Hier im Sommer im parkähnlichen Außenbereich spazieren gehen, tief durchatmen und auf einer der überaus bequemen Liegen Platz nehmen, die Augen schließen und auf das Säuseln des Windes horchen sind Wellness pur! Bereits nach wenigen Augenblicken spürt man, wie Ruhe und Entspannung von einem Besitz ergreifen. Da passt es perfekt, dass Mobiltelefone nicht erlaubt sind und kein lästiges und überlautes Klingeln die Ruhe stört. Auch bei schlechtem Wetter geben lichtdurchflutete Glasflächen und bodentiefe Glasfronten einen wundervollen Blick auf die parkähnliche Gartenanlage mit ihren Bäumen.

Eine Auszeit in dieser Umgebung ist der perfekte Kurzurlaub. Und so verlässt man am Ende eines solchen Tages die Asia-Therme mit einem seligen Lächeln auf den Lippen. Entspannung für Körper, Geist und Seele inmitten wunderbarer Natur.

- Asia-Therme Wellness Spa, Holzkamp 5–7, 41352 Korschenbroich, Tel. (0 21 61) 6 76 08, www.asiatherme.de
- ÖPNV: S8, Bus 032, 034, 867, Haltestelle Kleinenbroich Bahnhof

Toooor!

65 Fußball gucken im MaNaMaNa

Fußball und Bier – das gehört zusammen wie Baum und Borke, Tag und Nacht, Licht und Schatten. Wenn das Bier dann auch noch selbst gebraut wird, dann weiß man zumindest in Mönchengladbach gleich, wo man ist: im MaNaMaNa am Alten Markt, der urigen Sportsbar und Fankneipe von Borussia Mönchengladbach.
Schon von außen erkennt der überzeugte Fußballfan, dass er hier richtig ist: Ein riesiges Bild von Borussias Fußballlegende Günther Netzer samt DFB-Pokal ziert die Hauswand. Deutlicher kann man seine Leidenschaft für den Fußball und seine Liebe dazu gar nicht ausdrücken! Es wundert nicht, dass im MaNaMaNa eine Zeit lang die Sky-Sendung „Mein Stadion“ zu Gast war, bis sie 2015 abgesetzt wurde. Damit ist auch klar: Hat man keine Karte fürs Stadion ergattern können, ist man im MaNaMaNa bestens aufgehoben. Man kann entweder mit Gleichgesinnten die Vorfreude aufs kommende Spiel teilen, die Borussen anfeuern oder auch den Frust über ein verlorenes Spiel wegdiskutieren und sich aufs nächste Mal freuen. Natürlich ist jeder Gast ein Experte, der alles gaaanz anders gemacht hätte! Diese Fankneipe ist einfach Kult und verfügt über eine einzigartig gemütliche Atmosphäre, die ansteckend ist. Da versteht es sich von selbst, dass auch die friedlichen und gut gelaunten Fans anderer Vereine freundlich empfangen werden und immer willkommen sind. Spiele der deutschen Fußball-Bundesliga, UEFA Champions- und Euroleague an diesem Ort in Gemeinschaft live erleben ist ein echtes Highlight. Nicht nur für Fußballfans.
So treffen sich auf zwei Etagen regelmäßig „Normalos“ sowie Borussia- und andere Fans zum Fußballgucken, Essen, Trinken und Spaßhaben. Eine echte Kultkneipe also, in der es nie langweilig wird. Was will man mehr? Essen passt, Gäste sind prima, Stimmung ist super – da muss nur noch Borussia Mönchengladbach gewinnen und die Welt ist in Ordnung!

- Brauhaus MaNaMaNa, Alter Markt 12, 41061 Mönchengladbach, Tel. (0 21 61) 2 93 30 26
- ÖPNV: Bus 003, 007, 008, 009, 010 u. a., Haltestelle Alter Markt

BRAUHAUS
MANAMANA

Fachwerk und mehr

66 Ausflug nach Liedberg

Das Dörfchen Liedberg, gelegen auf einer 84 Meter hohen eiszeitlichen Anhöhe, einer sogenannten Quarzitkuppe, lockt Besucher gleich mit drei Attraktionen: Zum einen mit seinem hübschen, historischen Ortskern. Zum anderen mit dem Schloss Liedberg. Und zu guter Letzt auch noch mit dem dazugehörigen Wald mit altem Baumbestand. Kein Wunder, dass Liedberg 1985 mit einer Goldmedaille beim Wettbewerb „Unser Dorf soll schöner werden“ ausgezeichnet wurde.

Die Geschichte Liedbergs beginnt schon in der Altsteinzeit, als die damaligen Jäger und Sammler die eiszeitliche Anhöhe für sich entdeckten. Sogar Werkzeuge des Neandertalmenschen zur Bearbeitung des quarzithaltigen Sandsteins wurden gefunden. In späteren Zeiten fand der Abbau vor allem im Untertagebau statt, und jeder Liedberger Keller soll zu diesem Stollensystem einen Zugang gehabt haben – den sogenannten „Felsenkeller“.

Nach 1608 breitete sich die Siedlung weiter aus, und es wurden zunehmend auch Privathäuser gebaut. Rund um den Marktplatz gruppieren sich malerische Fachwerkhäuser aus dem 18. Jahrhundert, die eine tolle Kulisse darstellen. Ein beeindruckendes Zeugnis aus dem Mittelalter ist der sogenannte Mühlenturm, ein Wehr- und Wohnturm aus dem 9. Jahrhundert und somit das älteste Bauwerk in Korschenbroich. Mit seinen sieben Stockwerken perfekt für einen atemberaubenden Rundumblick.

Das Schloss Liedberg entstand im 13. Jahrhundert und war in damaliger Zeit eine große Festung inklusive Festungsgraben, der auch Teile des heutigen Ortes umschloss. 1701 soll das Schloss sogar mal den berühmten Sonnenkönig Ludwig beherbergt haben. Heute ist das Schloss in Privatbesitz und kann jedes Jahr zum Tag des offenen Denkmals besichtigt werden. Der Wald rund um Liedberg – der Liedberger „Haag“ – verfügt über einen mehr als 200 Jahre alten Eichen- und Buchenbestand. Das Gebiet steht unter Naturschutz und diente auch schon öfter als Filmkulisse. Hier lässt es sich wunderbar durch den naturbelassenen Wald streifen und tief durchatmen.

- 41352 Korschenbroich Liedberg
- ÖPNV: Bus 031, 864, Haltestelle Liedberg Kirche, Korschenbroich

Wandeln unter Baumkronen

67 Grün in Grün: die Brucknerallee

Deutschland ist ein Alleenland. Unzählige Straßen und Wege werden von Buchen, Pappeln, Platanen, Linden und Weiden gesäumt. Während sie in früheren Zeiten in erster Linie der Orientierung dienten, ziehen sie sich heutzutage wie grüne Adern durch die Städte, senken die innerstädtischen Temperaturen und sorgen für ein ausgeglichenes Klima. Je mehr Bäume, desto kühler die Stadt.
Dies gilt auch für Mönchengladbach. Macht man sich auf die Suche nach den wunderschönen Baumstraßen, stößt man in Rheydt auf die Brucknerallee, die in ihrem Verlauf zur Richard-Wagner-Straße wird. Und plötzlich sind sie über einem – die prachtvollen Baumkronen der Linden und Platanen, die sich zu einem natürlichen Blätterdach schließen. Geplant wurde diese Allee Ende des 19. Jahrhunderts als Verbindung zwischen Mönchengladbach und Rheydt.
Wie alle Alleen ist auch sie rund ums Jahr ein echter Glücksort: Wenn die ersten warmen Sonnenstrahlen die noch schläfrigen Bäume zum Leben erwecken und das Hellgrün der ersten Blätter vom nahenden Frühling kündet. Im Sommer, wenn die Temperaturen unter dem grünen Blätterdach noch immer angenehm sind und zum Verweilen einladen. Und natürlich im Herbst, wenn einem das bunte Herbstlaub zu Füßen liegt und man sich über das Rascheln der Blätter freuen kann. Auch im Winter, wenn Frost und Schnee die kahlen Äste und Zweige verzaubern, kann man mit gutem Gewissen tief Atem holen und sich für einige Minuten der Welt um einen herum entziehen – das macht glücklich. Und wer hat nicht schon einmal den Blick nach oben gewandt und vielleicht sogar ein wenig den Kopf verrenkt, um das Grün der Blätter vor dem Blau des Himmels zu bestaunen und sich an andere Orte zu träumen?
So eine Allee ist aber nicht nur für Menschen attraktiv. Es sind städtische Lebensräume mit erstaunlicher Artenvielfalt: Schaut man nämlich etwas genauer hin, kann man in den Baumkronen Vögel, Eichhörnchen, Insekten, ja, sogar Fledermäuse entdecken. Ein kleines Paradies für Mensch und Tier.

- Brucknerallee, 41236 Mönchengladbach-Rheydt
- ÖPNV: Bus 016, 019, Haltestelle Amtsgericht

Ganz schön aussichtsreich

68

Blick vom Wasserturm

Und noch mehr Mönchengladbacher Geschichte: Der Wasserturm an der Viersener Straße (nicht zu verwechseln mit dem Rheydter Wasserturm!) zählt zu den Wahrzeichen der Stadt, und man begegnet ihm wiederholt auf zahlreichen Fotos, Abbildungen, Postkarten etc. Errichtet wurde er 1908/1909 im Jugendstil für 216.000 Goldmark. Man kann getrost sagen (und schreiben), dass er zu den schönsten Jugendstil-Wassertürmen Deutschlands zählt. Insbesondere nach seiner zweiten Renovierung im Jahr 1998 erstrahlt er wieder in neuem Glanz.
Imposant und toll anzusehen ist er wirklich, mit seinen dunkelroten Ziegelsteinen, den hellgelben Putzflächen, seinem achteckigen Dach aus Kupferblech und der mächtigen Laterne an der Spitze. Skurriles Detail: Die Gesichter an der oberen Fassade sollen die Familie des damaligen Oberbürgermeisters Hermann Piecq zeigen und stammen vom Mönchengladbacher Bildhauer Emil Hollweg.
Auf seiner Aussichtsplattform in 51 Meter Höhe bietet der Wasserturm einen phänomenalen Rundblick über die Stadt, bei klarer Sicht sogar bis nach Düsseldorf oder Köln. Dafür muss man insgesamt „nur" 234 Stufen erklimmen. Möglich ist dies von März bis August jeweils am ersten Samstag eines Monats. Und es lohnt sich! Nicht nur wegen des tollen Ausblicks, sondern auch wegen des interessanten Inneren, das man bei der Gelegenheit genauer unter die Lupe nehmen kann.
Innen befinden sich zwei Treppen, über die die Wasserbehälter erreichbar sind. Denn der Turm ist auch heute keineswegs nur Zierde. Im Gegenteil – die beiden Wasserbehälter aus Stahl dienen immer noch der Trinkwasserversorgung. Der größere, untere Behälter mit 2.300 Kubikmetern versorgt die unteren Stadtteile Mönchengladbachs, der kleine, obere mit 800 Kubikmetern die Oberstadt. Von der Qualität des Gladbacher Trinkwassers kann man sich während einer solchen Führung auch selbst überzeugen.

● Wasserturm Mönchengladbach, Viersener Straße 115, 41063 Mönchengladbach, Tel. (0 21 66) 6 88-24 06, www.new.de/ueber-new/veranstaltungen
● ÖPNV: Bus 005, 008, 010, 019, NE2, Haltestelle Wasserturm

ERBAUT A.D. 1908-1909

Für Vier- und Zweibeiner

69 Hunderunde im Beller Park

Eine weitere große Grünanlage lockt den Besucher in Mönchengladbach: Es ist der rund 17 Hektar große Beller Park im Stadtteil Odenkirchen. Geprägt ist er durch seine wunderschöne Lage direkt an der Niers, die in seiner Mitte einen großen Weiher speist. Zahlreiche beeindruckende Weiden entlang des Ufers geben ein malerisches Bild ab und laden zum Entspannen ein. Vor allem an heißen Sommertagen kann man gut die angenehmen Temperaturen unter den herabhängenden Zweigen genießen und ganz in Ruhe auf kühlere Zeiten warten. Ab und zu erhascht man dabei meist einen kurzen Blick auf die tierischen Bewohner des Parks: Gänse, Nutrias und Co. haben hier für sich einen grünen Rückzugsraum gefunden. Insbesondere die Insel inmitten des Weihers ist ein nahezu naturbelassenes Paradies geblieben.

Wer sich etwas mehr Bewegung wünscht, der freut sich über die breiten Wege, die es den Besuchern ermöglichen, den wunderschönen Park zu Fuß oder mit dem Fahrrad zu erkunden. Dabei entdeckt man immer neue idyllische Plätze und charmante Details wie die hübschen kleinen Brücken, die sich über die Niers spannen. Oder den Platz, an dem die Beller Mühle, eine alte Wassermühle, noch bis in die 1940er-Jahre zu finden war.

Doch noch etwas macht den Beller Park so besonders: Neben zauberhaften Plätzen zum Relaxen bietet er eine große Hundefreilaufwiese, die Hundehalter sehr zu schätzen wissen. Dort trifft man immer auf sympathische Besitzer und freundliche Hunde, die es genießen, endlich mit ihren Artgenossen herumzuspringen. Während sich die Vierbeiner nach Herzenslust auf dem eingezäunten, 2.800 Quadratmeter großen Gelände austoben, gibt es für Frauchen und Herrchen genügend Sitzplätze, um ihren Schätzchen beim Spielen zuzuschauen und sich währenddessen mit anderen Hundefreunden über ihre Lieblinge auszutauschen. Und nach einigen Stunden im Beller Park spürt man, dass Grün glücklich macht.

TIPP

Der Tiergarten am Pixbusch, ein beliebtes Ausflugsziel für Familien, liegt etwa 1,5 km entfernt.

- Beller Park, 41199 Mönchengladbach
- ÖPNV: Bus 014, 097, Haltestelle Duvenstraße; Bus 001, 002, Haltestelle Beller Mühle

Something like a bar …

70 Cocktails und mehr im Foormat

Schon mal um den Preis eines Longdrinks gewürfelt? Noch nicht? Dann wird es aber Zeit. In der Cocktailbar Foormat hat man die Möglichkeit dazu. Und wenn man Glück hat, kostet der Longdrink dann nur zwei Euro.
Oder wie wäre es mit einem Shot? Was das ist? Shots, das sind die kleinen alkoholischen Getränke, die in 4-cl-Gläsern serviert und meist in einem Zug getrunken werden. Doch Vorsicht: Dieser Drink hat nur noch wenig mit dem traditionellen Kurzen zu tun und ist weit mehr als nur ein gewöhnlicher Schnaps. Immerhin hat das Foormat über 200 Shots auf der Karte – da fällt die Auswahl gar nicht so leicht. Um die Entscheidung einfacher zu machen, werden gleich klangvolle Fünferpacks angeboten. Wie wäre es zum Beispiel mit „Alles Blau"? Dazu gehören Marilyn Monroe, Birthday, Blaue Lagune, over 9000 und Bubbles. Oder vielleicht lieber „Alles Gleezy"? Wanlo, Waldhausener, Foormat, Gladbeach und Lürrip warten. Sollte man sich angesichts der Auswahl an Shots überfordert fühlen, kann man jederzeit auch die freundliche Bedienung um Rat bitten.
Und damit auch die sportliche Betätigung nicht zu kurz kommt, wurden zwei Beer-Pong-Tische und ein Kicker aufgestellt. Wer außerdem noch gerne eine Erinnerung an den lustigen Abend hätte, der kann direkt Fotos in der Retro Photo Box machen lassen. Die runden das Erlebnis ab und können sogar direkt an der Epique Wall – der berühmt-berüchtigten Fotowand des Foormats – verewigt werden. Mit solchen Angeboten wird aus einer Cocktailbar schnell ein Entertainment-Komplettpaket. Perfekt für einen abwechslungsreichen After-Work-Abend, bei dem man gerne mal auf andere Gedanken kommen möchte.
Ein bisschen verrückt ist das Ganze irgendwie schon, aber gerade deshalb hat es ja so viel Potenzial. Wie heißt es doch so schön? – Die Mischung macht's. Und das gilt ja erst recht für Cocktails und Co!

● Cocktailbar Foormat, Waldhausener Straße 8, 41061 Mönchengladbach, Tel. (0 21 61) 8 27 49 50, www.foormat.com
● ÖPNV: Bus 003, 007, 008, 009, 010 u. a., Haltestelle Alter Markt

Kurz mal Pause machen

71 Atemholen im Innenhof der Rathaus-Abtei

Auch in einer Stadt, in der ohnehin viele Parks und Grünanlagen zum Seele-baumeln-Lassen einladen, findet man ganz unvermutet Ecken und Plätze, die zu einem kurzen Innehalten einladen und eine außergewöhnliche Atmosphäre vermitteln.

In Mönchengladbach ist der Innenhof der Rathaus-Abtei solch ein Ort. Dies ist nicht verwunderlich, denn immerhin befindet sich das Rathaus auf dem Abteiberg in den Gebäuden des ehemaligen Benediktinerklosters St. Vitus aus dem 17. Jahrhundert. Errichtet wurde es zwischen 1663 und 1705 und diente lange als Abtswohnung der Abtei. Doch die kirchliche Nutzung fand schon 1802 mit der Besetzung durch französische Truppen ihr Ende und das Gebäude wurde bis 1835 als Baumwollspinnnerei genutzt. Danach erwarb die Stadt Mönchengladbach das Hauptgebäude und nutzt es seither als Stadtverwaltung.

Ein wunderbarer Arbeitsplatz und ein echtes historisches Schmuckkästchen also, das sich mitten in der Stadt durch sein spezielles Flair hervortut und bereits beim Durchschreiten des prächtigen Barockportals erahnen lässt, dass man sich auf geschichtsträchtigem Boden bewegt.

Der sich dem Besucher darbietende rechteckige Innenhof wird umschlossen von mit Efeu und Wein bewachsenem Ziegelsteinmauerwerk und lädt mit einigen Bänken zu einer kurzen Rast ein. Sich hier einige Minuten Zeit für eine erholsame Pause zu nehmen und dem faszinierenden Geist der Vergangenheit nachzuspüren, lässt Körper und Seele zur Ruhe kommen. Auch viele frisch getraute Hochzeitspaare wissen die zauberhafte Mischung aus Romantik und Geschichtsträchtigkeit zu schätzen und nutzen den Ort nicht selten als Hintergrund für ein schönes Erinnerungsfoto an ihren schönsten Tag.

Da ist es kaum zu verstehen, dass es bei der Bewerbung durch die Stadt Mönchengladbach im Jahr 2020 nicht für einen Titel beim Wettbewerb „Schönstes Rathaus in NRW" gereicht hat. Aber das kann ja noch kommen …

● Rathaus Abtei, Rathausplatz 1, 41061 Mönchengladbach, Tel. (0 21 61) 2 50
www.deimmg.de/project/rathaus-abtei
● ÖPNV: Bus 003, 007, 008, 009, 010 u. a., Haltestelle Alter Markt

ADIVTORIO

Gute Laune garantiert

72 Fröhliche Farben bei Eva Brachten

Mönchengladbach war – und ist – ein wichtiger Standort für Stoffe und Bekleidung. Neben bekannten Namen wie van Laack oder Gardeur haben sich auch die kleinen Designer und Modegeschäfte niedergelassen, die Eigenes entwickeln und designen. So wie Eva Brachten, die im Eicken-Viertel Mode aus farbenfrohen Stoffen und mit extravagantem Mustermix entwirft und seit 2016 im eigenen Laden vertreibt. Individualität steht dabei für die junge Designerin an erster Stelle, denn ihre meist pflegeleichten Kleidungsstücke sollen zu „neuen Lieblingsteilen" werden und in erster Linie Spaß machen. Das Potenzial dazu haben sie auf jeden Fall! Dies gilt übrigens auch für die Kinderkollektion, die ständig größer wird und über die sich immer mehr kleine und große Fans freuen.
Bei allen Stücken handelt es sich um sogenannte „slow fashion", also keine Massenware, sondern in den meisten Fällen Unikate, die in anderen Farben oder Mustern zusätzlich auch im Online-Shop erhältlich sind. Nachhaltigkeit versteht sich dabei von selbst, und so wird auch für kleine und kleinste Stoffreste immer noch eine angemessene Verwendungsmöglichkeit gefunden.
Bei all diesen Vorteilen bietet sich doch ein exklusives Private Shopping quasi an, oder? Die perfekte Idee für einen außergewöhnlichen Nachmittag mit Freundinnen! Übrigens nicht nur für Size-Zero-Models: Frau Brachten entwirf nämlich Mode in den Größen 34 bis 50! Hier kann man nur gute Laune bekommen, denn das Stöbern macht einfach Spaß!
Dass neue und ungewöhnliche Ideen bei Frau Brachten quasi auf dem Programm stehen, zeigte sich schon 2008: In diesem Jahr wurde die gelernte Schneiderin nämlich mit ihrer Kollektion „Local Heroes" bekannt, bei der Röcke in Balloptik und Kleider in Rasendesign für Furore sorgten. Und das nicht nur in Mönchengladbach, sondern deutschlandweit. Ganz schön kreativ, oder?

● Eva Brachten Modedesign, Eickener Straße 127, 41063 Mönchengladbach, Tel. (0 21 61) 2 94 34 73, www.eva-brachten.de
● ÖPNV: Bus 002, 003, 033, Haltestelle Matthiasstraße

Kreative Köpfe

73 Markt der schönen Dinge – Greta & Claus

Gleich zwei Mal im Jahr setzt Mönchengladbach ganz auf Kreativität. Nämlich dann, wenn Greta und Claus wieder in aller Munde sind. Die beiden sind ein unzertrennliches Paar, allerdings eines, das wahrscheinlich niemals so richtig zusammenkommen wird. Woran das wohl liegt? Ganz einfach – Greta und Claus sind Designmärkte. Doch während Greta sich im Frühling am Schillerplatz blicken lässt, taucht Claus bisher lieber zur Advents- und Weihnachtszeit auf. Und so ergeht es ihnen ein wenig wie Sonne und Mond oder Romeo und Julia – sie werden sich wohl nie für ein Rendezvous treffen.
Trotzdem haben beide eines gemeinsam – ihr Faible für schöne Dinge. Hier findet man nämlich Nichtalltägliches, Schrilles, Verrücktes und Kreatives im Überfluss. Keine Massenware, sondern Einzigartiges, entwickelt und gefertigt mit Liebe und Herzblut. Schon die Plakate zeigen: Jetzt wird es bunt. Designer, Künstler, Fotografen und Musiker, überwiegend aus Mönchengladbach, haben gemeinsam etwas erschaffen, das es so bisher noch nicht gab. Jedenfalls nicht in Mönchengladbach. Claus war zuerst da. Dann kam Greta. Beide wurden erdacht, geplant und verwirklicht von My(riam), Mo, Desi, Nicole und Kai erstmals im Jahr 2009. Seitdem haben beide längst ihre Fans gefunden und sind aus dem jährlichen Veranstaltungskalender nicht mehr wegzudenken. Mittlerweile sind die Märkte mehr als nur die bloße Möglichkeit zum Shoppen. Nicht zufällig heißt es auf der Website „Greta & Claus sind Familie". Und genau das Gefühl ist es, was diese Märkte so besonders macht. Man kann alte und neue Freunde treffen, Exotisches und Altbekanntes entdecken, essen, schwatzen, stöbern – Kreativshopping at it's best. Eine kleine Welt für sich, in der man seinen Alltag für einen Augenblick vergessen und sogar noch kleine Erinnerungsstücke mit nach Hause nehmen kann. Sozusagen etwas Glück to go!

● Greta & Claus, wechselnde Orte, Tel. (01 77) 8 60 59 02
www.meine-greta.de

MAKE
MG
GRETA
AGAIN

The Old Lady

74 Ein Ort des Lebens – Evangelische Hauptkirche Rheydt

Kommt man nach Mönchengladbach-Rheydt, wird man am Rand des Marktplatzes von einem monumentalen Kirchenbau begrüßt. Zwei Weltkriege hat er überstanden, der Bau der alten Dame von Rheydt, und auch sonst schon so einiges seit der Eröffnung im Jahr 1902 erlebt. Menschen hat sie in ihrer langen Geschichte viele kommen und gehen sehen, und wenn es nach ihr geht, ist jeder und jede willkommen – gleich welcher Weltanschauung oder Religion. Das galt damals wie heute: „Die alte Dame umschließt alle mit ihren offenen Armen, den traurigen und den frohen Menschen."

Bereits im 16. Jahrhundert wurde an dieser Stelle die Alte Hauptkirche gegründet. Als sie später – ein Nebeneffekt der fortschreitenden Industrialisierung – zu klein wurde, entschloss man sich zu einem Neubau, der nicht nur größer, sondern auch aufwendiger und prachtvoller sein sollte als die Vorgängerkirche. Wie man heute sehen kann, ist das durchaus gelungen. In reinen Zahlen ausgedrückt: 1.200 Sitzplätze bietet sie heute im hellen Innenraum, der mit einer prächtigen Ausmalung beeindruckt. Auch das gelungene Neben- und Miteinander verschiedener Baustile wie Jugendstil, Romanik und Gotik verleiht ihr einen ganz eigenen Charakter.

Die historisch-romantische Orgel des berühmten Orgelbauers Wilhelm Sauer sorgt für ein zusätzliches Highlight. Ob Kirchenmusik, Jazz oder Gospel – bei dieser hervorragenden Akustik hört sich einfach alles gut an. Überzeugen kann man sich davon zum Beispiel an jedem ersten Samstag im Monat bei der Orgelandacht zur Marktzeit.

Für die Menschen in Rheydt gehört die Hauptkirche auch heute noch zum Leben dazu, und vielen ist sie ans Herz gewachsen. Allerdings machen die Jahre dem Mauerwerk zu schaffen, und man kann nur hoffen, dass die Kirche den Bürgern von Rheydt noch lange als wunderschöner Ort der Stille erhalten bleibt.

● Evangelische Hauptkirche Rheydt, Hauptstraße 90, 41236 Mönchengladbach
www.hauptkirche-rheydt.de

Shopping-Glück

75 Vier Sterne fürs Minto

Seit 2015 gibt es in Mönchengladbach an der Hindenburgstraße das Minto (niederrheinisch für „meins"), das als erstes Vier-Sterne-Shoppingcenter in Deutschland gilt. Auf 26.000 Quadratmeter Verkaufsfläche, vier Ebenen und in 104 Geschäften kann man hier nach Herzenslust einkaufen, essen, trinken, spielen und mehr. Mit einer Gesamtfläche von 42.000 Quadratmetern ist das Minto zwar „nur" ein mittelgroßes Einkaufszentrum, aber trotzdem ein ganz schön großer Brocken, der sich erstaunlicherweise gut in die Innenstadt einfügt.
Was bei seinem Anblick zuerst auffällt, ist die moderne Architektur, denn der Gebäudekomplex hat keine Ecken und Kanten. Stattdessen wird das Design durch horizontale Bänder und vertikale Lamellen bestimmt. Dafür wurde das Minto mehrfach ausgezeichnet – sogar als schönstes Shoppingcenter Deutschlands. Ziel der Architekten war es, mit dem außergewöhnlichen Ambiente alle fünf Sinne anzusprechen, und tatsächlich kann man sich hier wohlfühlen: warme Farben, Teppich und Parkett wie zu Hause, organische Formen.
Dazu kommt natürlich die Vielfalt des Angebots. Man bekommt alles unter einem Dach: Bücher, Kleidung, Spielzeug, Lebensmittel, Deko-Artikel und vieles mehr. Staunend steht man vor diesem großen Angebot und fragt sich immer mal wieder, ob man das wirklich alles braucht. Wahrscheinlich nicht, aber auch hier gilt das Motto: Alles kann, nichts muss. Es wurde sogar an diejenigen gedacht, die sich dem Shoppingwahn zumindest kurzfristig entziehen möchten, denn bequeme Ruhezonen laden zum Entspannen ein, und fürs leibliche Wohl ist natürlich auch gesorgt!
Wer Lust hat, kann den ganzen Tag im Minto verbringen. Lässt man dabei die Hektik des eigenen Alltags vor der Tür, nimmt sich Zeit fürs Schlendern und Genießen, dann, ja dann zeigt sich das Minto – vor allem an regnerischen Tagen – als überraschender Glücksort.

● Minto, Hindenburgstraße 73, 41061 Mönchengladbach, www.minto.de
● ÖPNV: Bus 003, 007, 008, 009, 010, 013, 019, 023, 033, Haltestelle Am Minto und Haltestelle Kleiststraße

2
RITUALS
20%
LORIS

Für Mittelalter-Freunde

76 Willkommen auf dem Rittermarkt

Alljährlich im August kann man sich an der Zeppelinstraße in Mönchengladbach auf eine kleine Zeitreise begeben und ins Mittelalter des 11. bis 13. Jahrhunderts versetzen lassen. Ganz ohne Zeitmaschine natürlich, denn man benötigt lediglich eine Eintrittskarte für den Rittermarkt, der ehemals auf Schloss Rheydt beheimatet war.
Ruckzuck findet man sich wieder zwischen Lautenspielern, Gauklern, Falknern, Puppenspielern und Schwertkämpfern der Buhurt, dem Gruppenwettkampf mit Waffen und Ausrüstungen. Ob Bollerwagenbühne, Feuerspucker, Kerzenzieher oder Stofffärber – man kann sich kaum entscheiden, wohin man zuerst schauen soll, so groß ist das Angebot, und so viel gibt es überall zu sehen. Es scheint, als wäre die bunte Welt von Robin Hood und König Artus plötzlich lebendig geworden, um mehr Farbe in unser Leben zu bringen.
Und das gelingt wirklich, denn einige Minuten in diesem organisierten Trubel reichen aus, um uns unseren Alltag vorübergehend vergessen zu lassen. Insbesondere Kinder haben hier viel Spaß, denn sie können nicht nur zuschauen, sondern beim Töpfern oder in der Kinderschmiede auch selbst aktiv werden. Ein Highlight! Auch fürs leibliche Wohl ist selbstverständlich gesorgt. Ganz stilecht mit Bäckereien, Brätereien und Tavernen. Wer kann schon einem Gastronomieangebot mit Namen wie „Gaumenjubel" widerstehen?
Wie sehr man sich persönlich auf dieses Spektakel einlässt, bleibt einem selbst überlassen. Nicht selten trifft man auch auf Besucher, die sich in mittelalterliche Gewänder hüllen, um sich dem bunten Treiben anzuschließen. Aber das ist selbstverständlich nur ein Kann, kein Muss! So oder so wird man lange von diesem fröhlichen und lebendigen Spektakel zehren und sich aufs nächste Mal freuen. Möglicherweise denkt der eine oder andere dann ja doch über ein eigenes Kostüm nach.

- Rittermarkt Mönchengladbach, Im Park Zeppelinstraße 161, 41065 Mönchengladbach, www.ritterfest-mg.de
- ÖPNV: Bus 007, 017, 029, Haltestelle Lürrip-Kirche

Kirchliches Kleinod

77 Rokoko in Wickrathberg

Evangelische Kirchen sind – verglichen mit ihren katholischen Schwestern – nicht unbedingt für ihre prunkvolle Ausstattung bekannt. Es gibt jedoch Ausnahmen wie die Wickrathberger Kirche im Südwesten von Mönchengladbach. Sie ist nicht nur die älteste Kirche der Stadt und wohl das am besten erhaltene Kirchengebäude am linken Niederrhein, sondern dazu auch ein echtes Schmuckstück. Bis heute gilt sie als denkmalgeschützte „Kostbarkeit am Niederrhein" und lockt aus diesem Grund zahlreiche Besucher an.

Das hat natürlich seinen Grund: Die um 1200 dem Heiligen Nikolaus geweihte und bis 1529 rein römisch-katholische Kirche verfügt über ein außergewöhnlich prunkvolles Inneres. Im Laufe ihrer Geschichte erlebte sie zahlreiche Umbauten, und nachdem sie im Jahr 1569 zur reformierten Hauskirche der Grafen von Quadt wurde, erhielt ihr Innenraum im Zuge des Neubaus von Schloss Wickrath 1770 eine prächtige Ausstattung mit Orgelempore, Kanzel, Schöffenbank und Grafenbank im Rokokostil. Diese ist bis heute größtenteils erhalten und auf jeden Fall einen Besuch wert. Das stimmungsvolle Kircheninnere ist ganz in edlem Weiß und Gold gehalten und bietet mit seinen prächtigen Ornamenten einen nahezu märchenhaften Anblick. Deshalb überrascht es nicht, dass die Wickrathberger Kirche bei Brautpaaren als Hochzeitskirche sehr beliebt ist und schon unzählige Ja-Wörter miterlebt hat.

Aber man muss nicht gleich heiraten, um die wunderbare Atmosphäre auf sich wirken zu lassen, einige Minuten Atem zu holen und die Ruhe zu genießen. Und auf einmal stellt man fest – ganz leise hat sich nach und nach ein sanftes Glücksgefühl eingestellt, das man ruhig eine Zeit lang auskosten sollte, bevor man sich erneut ins pralle Leben und in die Hektik des Alltags draußen vor der Kirchentür stürzt. Ein Unterschied wie er größer nicht sein könnte.

- Kirche Wickrathberg, Berger Dorfstraße 55, 41189 Mönchenglabach
www.kirche-wickrathberg.de
- ÖPNV: Bus 006, Haltestelle Wickrathberg Kirche

Jeder Besuch eine Auszeit

78

Wellness im Café Traumfabrik

Wie eine Fabrik sieht das kleine Café Traumfabrik in der Regentenstraße nun wirklich nicht aus. Eher klein und gemütlich, charmant und einladend wie ... ja, wie zum Beispiel das eigene Wohnzimmer. Das Angebot an selbst gemachten Kuchen, Quiches, selbst gebackenem Brot, Veganem und Co. ist allerdings um einiges umfangreicher, abwechslungsreicher und wahrscheinlich auch leckerer als im eigenen Wohnzimmer. Wer macht sich schon mal eben so Eier im Glas mit Pesto, Kräutern und Schafskäse? Dann lieber ein ausgiebiges Sonntagsfrühstück (am besten mit Anmeldung) in der Traumfabrik genießen.

Dort gibt es nämlich auch noch einiges zu gucken! Getreu dem hauseigenen Motto „Café, Wellness, schöne Dinge“ kann man in den Regalen nach Geschenken, Mode und sogar den neuesten Wellnessprodukten stöbern. Besonders zu empfehlen, wenn man selber noch gar nicht genau weiß, was man sucht. Auch die Werke junger Künstler kann man hier bestaunen, Konzerten und Lesungen beiwohnen sowie Wellness-Behandlungen buchen und an Kreativ-Workshops teilnehmen. Eben von allem etwas. Hört sich im ersten Moment an wie ein planloses Sammelsurium, erweist sich bei näherer Betrachtung aber als wirklich runde Sache. Schon nach wenigen Besuchen fühlt man sich wie zu Hause und möchte am liebsten gar nicht mehr weg. Kein Wunder, dass die Traumfabrik so viele Stammgäste hat!

Das ist der Verdienst von Konstanze Elfferding, die die Traumfabrik ins Leben gerufen hat und mit Liebe und Leidenschaft dabei ist. Fragt man ihre Gäste nach dem Erfolgsrezept, erhält man immer wieder dieselben Antworten: leckere Speisen, gemütliche, individuelle Atmosphäre und eine sympathische Inhaberin. Ein Erfolgsrezept also, das angenommen und geschätzt wird. Mit allem, was man für eine erholsame Auszeit für Körper und Seele so braucht. Eben genießen mit allen Sinnen!

● Café Traumfabrik, Regentenstraße 171, 41061 Mönchengladbach
www.traumfabrik.weebly.com/home.html
● ÖPNV: Bus 002, 003, 033, Haltestelle Matthiasstraße

traumfabrik

Hell und farbenfroh

79 Begehbares Kunstwerk von Alex Morrison

Jede Stadt verfügt über Plätze, Wege und Ecken, die kaum jemand beachtet, die immer im Dunkeln bleiben und die dem einen oder anderen vielleicht sogar ein leicht mulmiges Gefühl vermitteln. Ob zu Recht oder zu Unrecht, ist dabei letztlich kaum von Bedeutung. An Glücksorte würde in ihrem Zusammenhang sicherlich niemand denken.
Auch in Mönchengladbach findet man solche Orte. Einer davon hat sich aber zum Kunstwerk und sogar Glücksort gemausert: Zwischen Spatzen- und Fliescherberg verbindet ein unscheinbarer Hohlweg den Skulpturengarten mit dem Hans-Jonas-Park. Rechts und links sorgen Backsteinmauern mit zahlreichen Graffitis für einen ziemlich nüchternen Anstrich. Für viele Mönchengladbacher und Besucher kein Ort, der einem im Gedächtnis bleibt.
Doch 2013 änderte sich das. Denn im Rahmen des Kunst-Landschaftsprojektes „Ein ahnungsloser Traum von Park“ erhielt der Weg durch eine Installation des englischen Künstlers Alex Morrison eine kulturelle Aufwertung. Fünf bunte, nostalgisch anmutende Laternen erleuchten seitdem den Weg in den Abend- und Nachtstunden und machten aus ihm ein begehbares Kunstwerk. Dabei erinnern die Lampen an selbst gebastelte St. Martins-Fackeln.
Und das Wichtigste – die helle, farbenfrohe Beleuchtung schenkt diesem einst so vernachlässigten Ort ein ganz neues, nahezu zauberhaftes und romantisches Flair. Hier in der Dämmerung entlangschlendern und den neuen Charme erleben, das sorgt für kleine und durchaus unerwartete Glücksmomente.
Was zunächst nur als vorübergehende Kunstaktion geplant war, wurde aufgrund der positiven Reaktionen zu einer dauerhaften Sache. Sogar technisch überarbeitet wurden die Laternen, um eine längere Haltbarkeit zu garantieren. Eine wunderbare Sache und ein Beweis dafür, wie Kunst das Alltagsleben zum Besseren verändern – und glücklich machen – kann!

- „Traumstraße“ Spatzenberg 9–11, 41061 Mönchengladbach
- ÖPNV: Bus 015, 017, 025, Haltestelle Bleichstraße

Biergarten de luxe

80 Lounge-Feeling im Haus Erholung

Manchmal verrät schon der Name eines Ortes alles, was man wissen muss, und man fragt sich unwillkürlich, warum man nicht längst mal hier gewesen ist. Das „Haus Erholung“ ist so ein Ort, insbesondere sein Biergarten, den man getrost als einen der schönsten Biergärten in Mönchengladbach bezeichnen kann.
Erbaut wurde das klassizistische und denkmalgeschützte Gebäude aus weißem Backstein im Jahr 1861 und von 1979 bis 1981 umfassend instandgesetzt. Heute bietet es als Event- und Festlocation nicht nur zahlreiche Säle wie den imposanten Kaisersaal zum Mieten, sondern eben auch einen traumhaften Biergarten vor historischer Kulisse.
Den Mittelpunkt der großen, parkähnlichen Gartenanlage bildet ein kleiner Teich mit Wasserspiel, um den sich Sitzbänke, Liegestühle und Sonnenschirme locker gruppieren. Hecken schützen die grüne Oase im Herzen der Stadt vor dem Treiben auf der Hindenburgstraße und am Sonnenhausplatz, sodass dem Gefühl der Rundum-Entspannung nichts entgegensteht.
Solche Gärten kennt man sonst eher von Sonntagsausflügen zu ausgedehnten Parkanlagen von Schlössern und Herrenhäusern. Biergärten sehen üblicherweise anders aus. Doch ebendieses außergewöhnliche Flair macht natürlich den Reiz aus, und man ist überrascht, wie gut Chillout-Musik, Cocktails und DJ-Gigs sowie Sonntagskonzerte zusammenpassen und sich in die herrschaftliche Kulisse einfügen. Erlebt man in dieser Umgebung dann noch ein kleines Feuerwerk, gerät man ganz schnell ins Schwärmen.
Auch die Speisekarte präsentiert sich eher ungewöhnlich: Typische Biergartengerichte stehen in trauter Zweisamkeit neben angesagtem Streetfood und frisch gezapftes Bier neben fruchtiger Schorle. Hier weiß man eben zu genießen und zu leben und man ertappt sich dabei, immer mal wieder vorbei- und natürlich auch reinzuschauen. Zu einladend ist diese grüne Oase mit prachtvollen Ambiente mitten im Herzen der Stadt. Perfekt für den kleinen Urlaub zwischendurch und Erholung pur!

- Haus Erholung, Johann-Peter-Boelling-Platz, 41061 Mönchengladbach, Tel. (0 21 61) 1 00 94, www.hauserholung.de
- ÖPNV: Bus 003, 007, 008, 009, 010, 013, 019, 023, 033, Haltestelle Museum Abteiberg; Bus 015, 017, 025, Haltestelle Lüpertzender Straße

Danke...

an alle, die mich bei meinen Recherchen und der Entstehung des Buches unterstützt haben, an Antje Kluth, die viel Arbeit und Geduld mit mir hatte, und an alle, die mit ihren Glücksorten zur Individualität unserer Städte beitragen.

Bibliografische Informationen der Deutschen Nationalbibliothek
Die Deutsche Nationalbibliothek verzeichnet diese Publikation in der Deutschen Nationalbibliografie; detaillierte bibliografische Daten sind im Internet über http://dnb.d-nb.de abrufbar.

Konzeption/Satz: Droste Verlag, Düsseldorf
Einbandgestaltung und Illustrationen: Britta Rungwerth, Düsseldorf, unter Verwendung von Bildern von © Fotolia.com: jd – photodesign.de; © iStock: Plociennik Robert
Fotos: Karin Wemhöner, außer:
© Anne Offermanns: S. 111; © Art. Style. Living: S. 99; © Café Heinemann: S. 27; © Eva Brachten: S. 151; © Frank Vincentz: S. 25; © Fräulein Smilla: S. 47; © Harmonie 20: S. 103; © Herr Feldmann: S. 97; © Hi-Fly: S. 43; © Holo-café: S. 95; © John Kehly/shutterstock.com: S. 31; © Kletterkirche Mönchengladbach: S. 105; © Lee Zhanxing: S. 77; © MaNaMaNa: S. 137; © Maresa: S. 113; © Marcus: S. 23; © MGMG: S. 11; S. 45; © MGMG/giulio Coscia: S. 167; © Michael715/ shutterstock.com: S. 37; © Michael Haefner: S. 41; © Monika Boncuk/shutterstock.com: S. 143; © Myriam Topel: S. 49; 153; © Nancy Nagel: S. 109; © NEW AG: S. 101; © Nikita Nikitin: S. 89; © Reginaldo Lopes: S. 35; © Sanna Lindström: S. 127; © Sequoiafarm e.V.: S. 59; © shutterstock.com: S. 13, S. 19, S. 29, S. 51; S. 53; S. 55; S. 61; S. 63; S. 67; S. 71; S. 75; S. 83; S. 87; S. 123; S. 133; S. 135; S. 139; S. 147; © Siegfried Poepperl: S. 15; © TextilTechnicum: S. 117; © Tom Wieden: S. 107; © Uwe Riedel: S. 33; © V. Wonko: S. 39; © Valeryna: S. 159; © Vinyl Garage: S. 57

FSC
www.fsc.org
MIX
Papier aus verantwortungsvollen Quellen
FSC® C011279

Druck und Bindung: LUC GmbH, Greven
ISBN 978-3-7700-2392-9

www.droste-verlag.de